霊感一家のふしぎな実話

おかえり

りか

イースト・プレス

Rkanikkano FUSHIGI na jitsuwa okaeri

もくじ

Reikanikkano FUSHIGI na jitsuw okaeri

霊感一家の

プロローグ 4

第1章 私たちのふしぎ事件簿再び 11

直角の女 12
誰もいない学校にて 20
暗闇廊下 26
G県の温泉 33
すれ違うナニカ 43
閑話休題 母の写真 51
運動会の神様 53

第2章 やっぱり幽霊屋敷? 61

除霊はしたものの 62
産後の邪魔者 68

ボーダーの男 76
嫌なおばちゃん 82
母を求めて 90
秋月せいら流　浄化方法 98

第3章　姉と祖母とせいらさん 107

姉のこと、祖母のこと 108
閑話休題　メイといちこのお話 125
ご先祖さまと〝命〟のこと 128

エピローグ 138
あとがき 142

こんにちは
またははじめまして
りかです
『霊感一家のふしぎな実話
おかえり』を
お手にとっていただき
ありがとうございます！
まさかの
続編……!!!
本当に　本当に
ありがとうございます。
前巻では私たち家族の
ふしぎな実体験と除霊が
メインのお話でした

前巻の
あらすじ

視えるのは女だけ！
女系霊感一家の私たち
昔から霊現象に
悩まされてきました
りか
姉
母
特に家で体験することが
多く 実家は365日
寒いところで
夜には何か恐ろしいことが
起こる異常な場所でした
ゆ
ーら
あ…
昨日廊下に
白い影がいてさ
ああ
アイツね
「ナニか視た」は
日常会話

廊下をさまよう影と
誰かの唸り声
子供部屋に居座る
子供の霊
床の間がある和室は
昼間でも不気味すぎて
近づくこともできませんでした

はなみずき
そんな時
福岡の霊能力者
秋月せいらさんと
ご縁をいただき 我が家を
除霊していただくことと
なりました
そこでわかったのは
祖母が地縛霊化
先祖の因縁
末代までの祟り
神仏の障りと動物霊
オンパレード!!

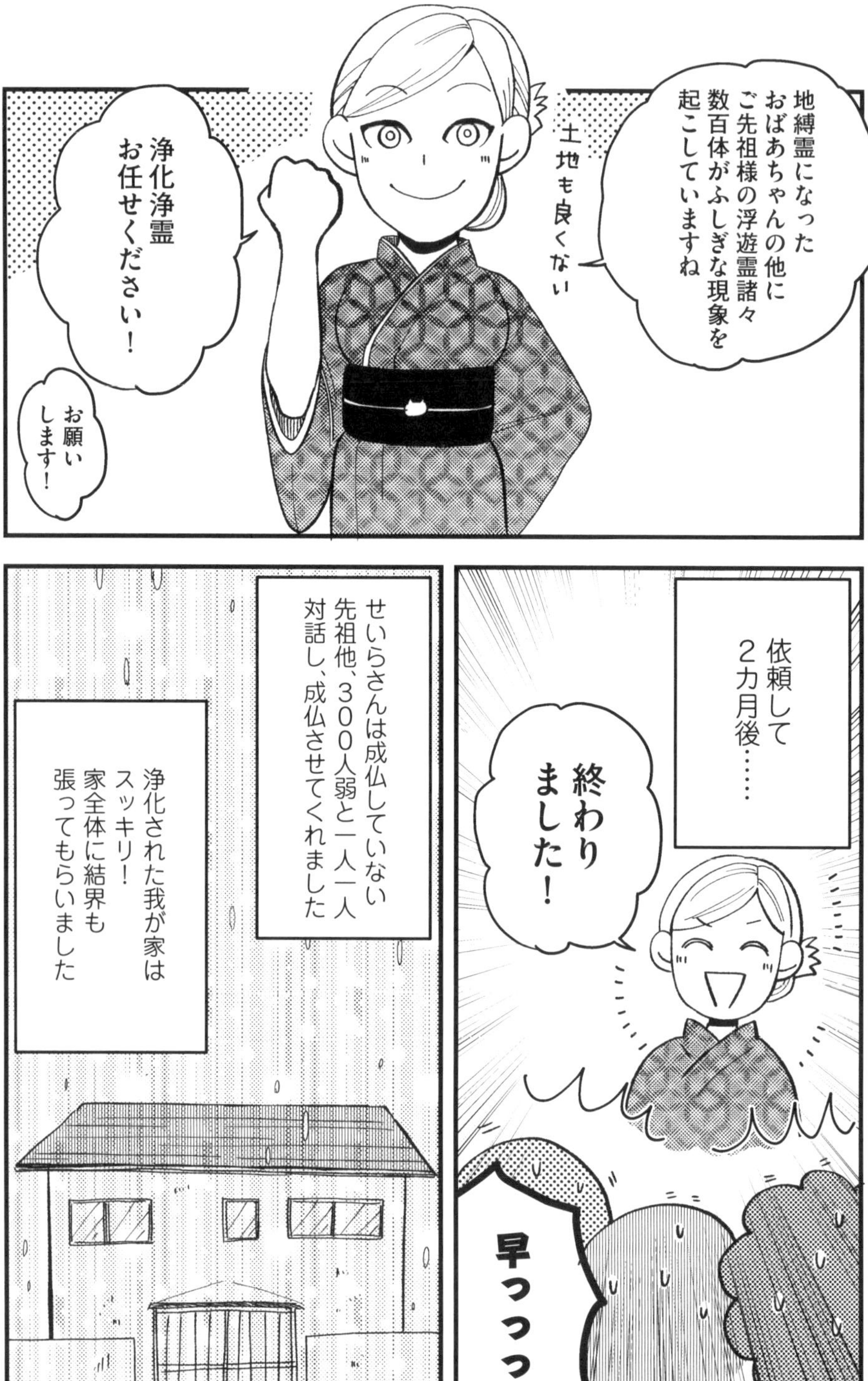
地縛霊になったおばあちゃんの他にご先祖様の浮遊霊諸々数百体がふしぎな現象を起こしていますね
土地も良くない
浄化浄霊お任せください！
お願いします！
依頼して2カ月後……
終わりました！
早っっっ
せいらさんは成仏していない先祖他、300人弱と一人一人対話し、成仏させてくれました
浄化された我が家はスッキリ！家全体に結界も張ってもらいました

それを境に無事
ふしぎな現象は
落ち着いたのでした
私たちは初めて「家は暖かいもの」と感じることができたのです
では
その後は…？
他のお話ではあまり語られない除霊してからの「その後」はどうなったと思いますか？
NEXT
それを含め私たち家族のふしぎな実話をお楽しみください！

第1章
私たちのふしぎ事件簿再び

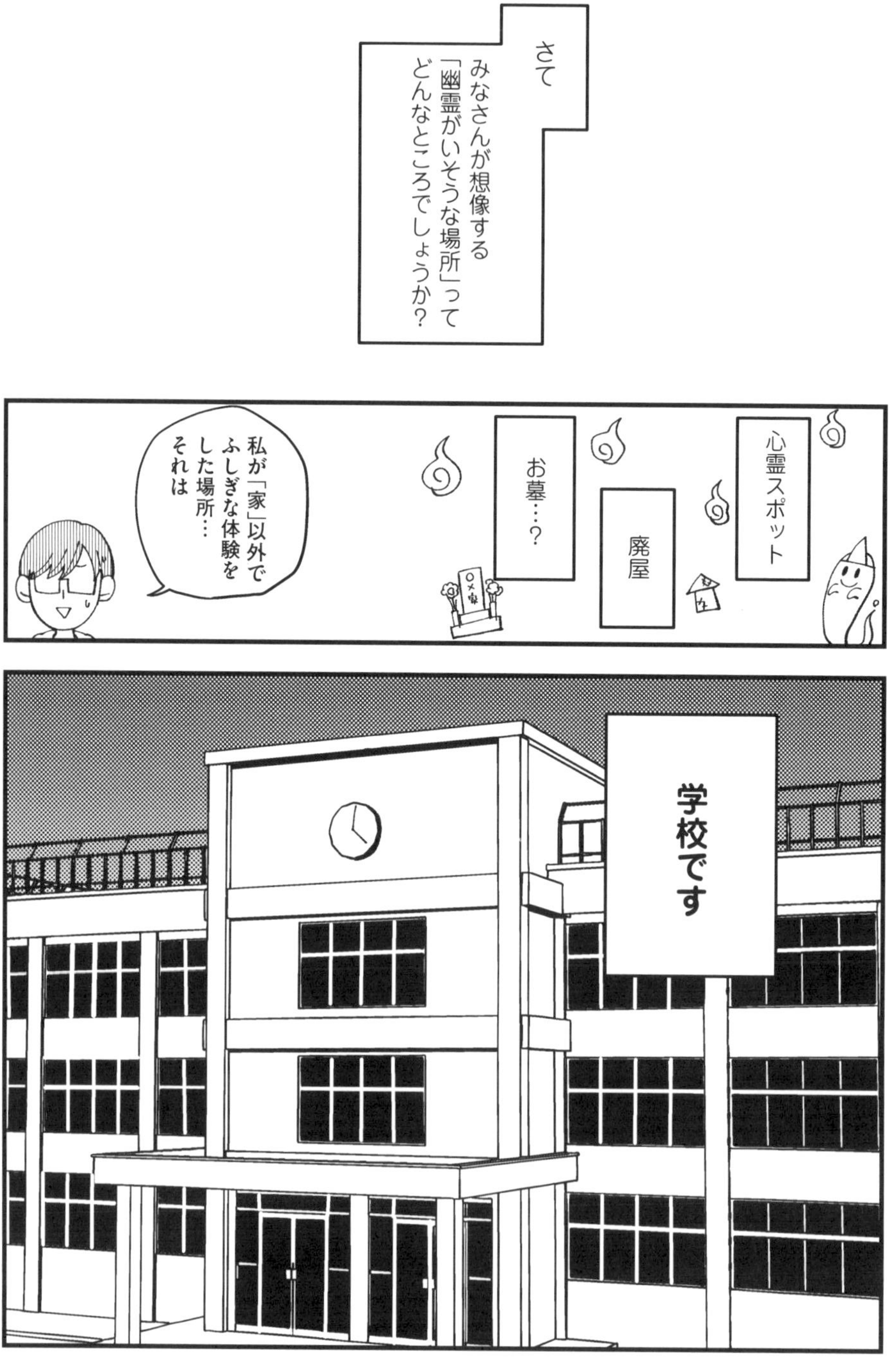
さて
みなさんが想像する「幽霊がいそうな場所」ってどんなところでしょうか?
心霊スポット
廃屋
お墓…?
私が「家」以外でふしぎな体験をした場所…それは
学校です

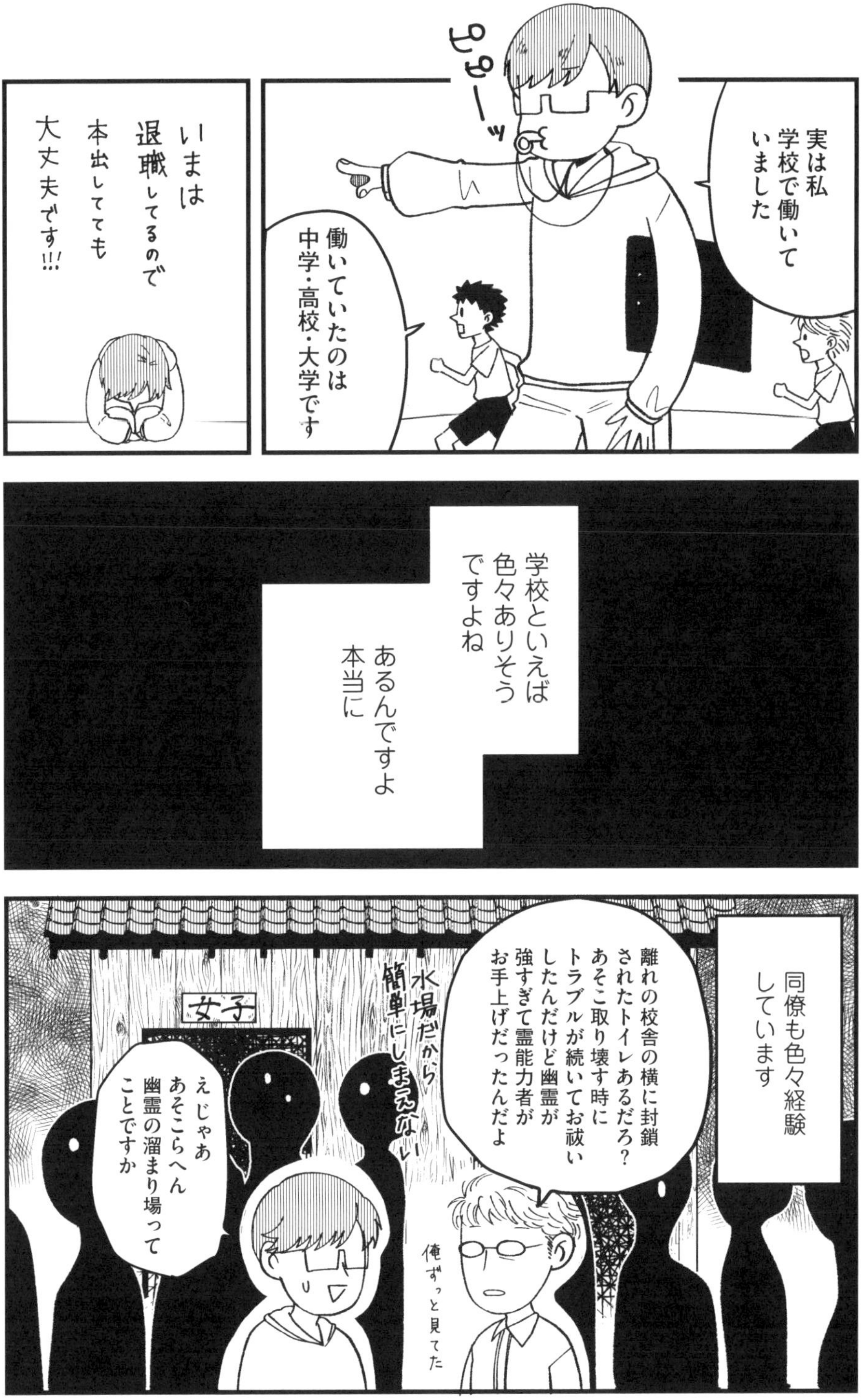
ピピーーッ
実は私学校で働いていました
働いていたのは中学・高校・大学です
いまは退職してるので本出してても大丈夫です!!!
学校といえば色々ありそうですよね
あるんですよ本当に
同僚も色々経験しています
離れの校舎の横に封鎖されたトイレあるだろ? あそこ取り壊す時にトラブルが続いてお祓いしたんだけど幽霊が強すぎて霊能力者がお手上げだったんだよ
水場だから簡単にしまえない
女子
俺ずっと見てた
えじゃあ あそこらへん幽霊の溜まり場ってことですか

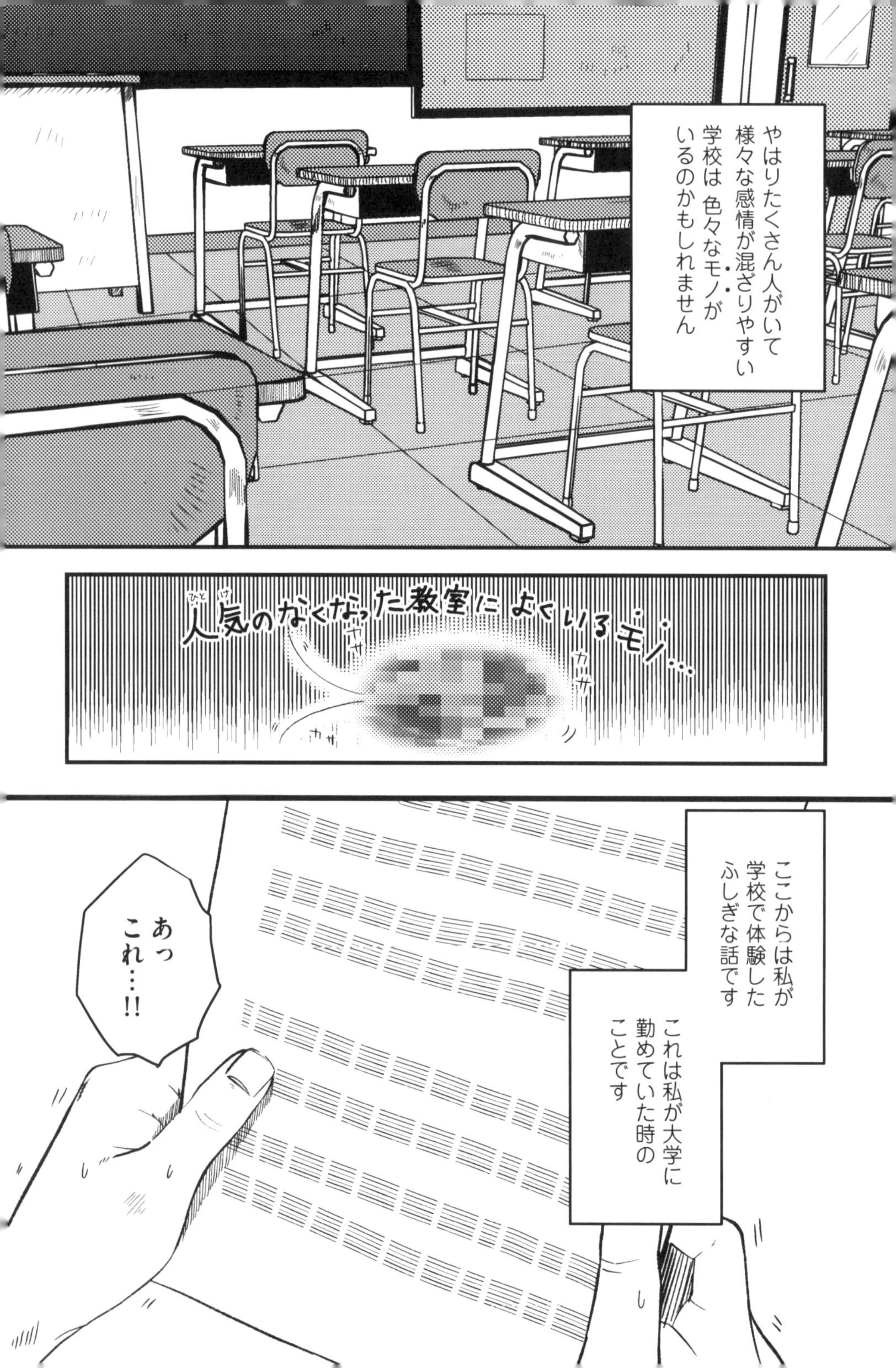
やはりたくさん人がいて
様々な感情が混ざりやすい
学校は 色々なモノが
いるのかもしれません
人気《ひとけ》のなくなった教室に よくいるモノ・・・
ここからは私が
学校で体験した
ふしぎな話です
これは私が大学に
勤めていた時の
ことです
あっ
これ…!!

これは…
急ぎM先生に確認せねば…
やらかした…
BONOBO
私がいた研究室とM先生の研究室は斜《はす》向かいです
ココがM先生の研究室
M
授業終わって戻ってきたらすぐに呼び止めなければ!!
ドアあけとこ!
私の部屋
カッ
コッ
カッ
コッ
はっ
カッ
コッ
ガタッ
M先生っ
ダダッ
この書類を見ていただきたいのですが…!

ガラーー
目の前を足音
だけが通り過ぎて
いきました
バッ
バッ
M先生は…？
こんなことは
まだまだ序の口
です

な〜
聞いてよ
昨日の夜●号館で
作業してた時さ〜
こちらは職員の方で
顔を合わせてはよく
おしゃべりをしてます
どうしたんですか〜
この方の話が
いっとう不気味
でした
ドサ
よしっ
ドサッ
こんなもん
かな!
ん?

まだ残ってる学生いたのか
ぼう…
すいませーん この棟 もう施錠するので 退出お願い しまー…
じぃぃ…っ
ぞぞぞぞ
ひッ!?

ダッ
もうすぐ警備員さんが来るので退出お願いします!!!
あたま
逃げっ
——っていうことがあったんだよ
怖っ
学生じゃないんですよね!?
怖かったわ…
教室も廊下も真っ暗だったからいないはずだし
何より身体のつくりがおかしかった!!
天井
天井と頭の位置は遠い
首腰曲げないと真横に顔でない
なのに
天井
天井と頭の位置が近い
身長何センチ?!?
お化けならお化けでいいんですけど…
な…
仕事の邪魔だけはしないでほしいよね…

次は私が勤めていた
高校での話です
当時でも珍しい
木造校舎が残っている
学校でした
校舎はとても古く
築100年を越える
立派なものです
トイレなど所々
現代に合わせて
リフォームされて
います
その日は
日曜日――……
私は学校に
来ていました

カタ
カタ
カタ
カタ
カタ
授業準備が終わらないよ～
カタ
カタ
カタ
カタ
カタ
日曜日だったので
ひ～
ぽつ
ねん
他の先生も生徒もおらず1人で仕事をしていました
あ
「離れ」から資料とってこないと
しまった～～～

「離れ」とは
本校舎の隣にある校舎で
普段は施錠してあり
中に入ることはできません
ああ～…
「離れ」かー…
嫌だなぁ
でもあの資料がないと
プリントが作れない…
うーん
どうしよっかなー
私が「離れ」を
嫌がる理由…
それは
明日…は
ダメだ
うーん…
…あそこ気持ち
悪いんだ
もんなぁ…
実家と雰囲気が
似ているからでした
つまり幽霊でそう

しかし実際に視たことはなかったので
こんな真っ昼間に出るわけない!
嫌な感じなんて無視すればいいんだ!!
何よりプリント作れなくて困るのは自分!!
行くぞ!!
自分に言い聞かせました
ギィ
ギィ
ギィ
ドキ
ドキ
ドキ
大丈夫お化けなんていないい!!
ドキ
ドキ
ドキ
ドキ
ドキ
ドキ
ドキ
がちゃっ

ドダドダドダ
あははは
あははは
あははーはーは
あははは
ドタ
バタバタ
ドタ
バタバタ
ドタ
あはーはは
バタ
あははは
パタ
ドタ
パタ
パタパタパタパ
あははは…

シン――――ン
職員室
ガラッ
ピシャッ
バタバタ
バタバタ
資料
バン
その日は施錠された「離れ」に姿なき生徒たちが登校していたようでした
はぁ
な…
はぁ
はぁ
さしずめ「先生来たぞー!教室戻れー!」といったところでしょうか
さすがにこの日は仕事になりませんでした
何あれ…っ

暗闇廊下
また別の日のことです
ざわ
ざわ
ざわ
ざわ
ん〜〜〜っ
疲れた〜
のび〜〜
もう帰ろう
あ
ぱたんっ
もう上がるのでついでにカップ洗いますよ
あ〜! ありがとう! お願いします!
俺のもいい?
お願いします!
ありがと〜!
助かるよ
俺も
私も…
ずっしり
おおおおおおお

大丈夫？
手伝おうか？
大丈夫です
ギリいけます！
そっか
ありがとう〜
カチャ
カチャ
カチャ
カチャ
カチャ
カラカラ カラカラ
うわっ

真っ暗……
ここの学校は周囲に外灯が少なく場所によっては光が届かず、夜は真っ暗闇になるところがありました
あちゃ～……
灯《あかり》つけるのは…無理かな……
お盆が重くて押せない
ん～～～
ま、大丈夫か!!
今思えば職員室の先生にスイッチを押してもらえばよかったのです

幸い(?)給湯室は真っ直ぐ進んだ突き当たり右、というわかりやすい場所だったので……
ま、
とりあえず真っ直ぐ行けば大丈夫だな
大丈夫ではない
ココ
給湯室
念の為廊下の真ん中歩けば壁にぶつかることもないでしょう!
ギィィ
カチャ
カチャ
暗…
ギィ
カチャ
目をつむってるのと同じくらい真っ暗だ
カチャ
ギィ
カチャ
カップ落とさないように気をつけないと
ギィ
カチャ
ザク
もう半分行ったかなぁ…
よた
よた
よた
よた
ザク
ザク

え
えええええ
腕!?
誰!!!
カップ落とす!!!!
ふんっ
割れたら大変
ガシャ
ガシャ
危ないですよ～
カップは…
カップはセーフ!!
カチャ
カチャ……
はぁ
はぁ

給湯室
ダダダダ
ガチャ
ガチャ
ガチャ
ガー
バイーンッ
だ…
誰もいない？
いや
普通に
危ないのだが？

その後は給湯室でカップを洗い廊下の電気をちゃんとつけて職員室へ戻りました
ザァァァ
「廊下で誰かに腕を掴まれた」と職員室の先生に報告したところ
誰もいなくて…
ぐっ
ああ〜
あるあるだったようです
このことがあってからこの学校では
・1人で歩かない
・暗い場所は電気をつける
を徹底して過ごしました
カップは割れなくて本当によかったです
仕事の邪魔するのだけは本当にやめてほしいです
もうムリしない！

ここからは
家族が体験した
ふしぎな話です

じゃあ
行ってくるから
あとよろしくね
行って
らっしゃーい

この日母と父は
友人たちと一緒に
旅行に行きました
行き先は
G県にある
とある温泉街です

車は一路
観光しながら目的地へ
向かいます
母と友人は同級生で
気のおけない
仲です
わきあいあい
ここかぁー
バタンッ
今日泊まる
ホテルは！

わあっ
広いね〜〜!
ざわあ
和室の奥景色いいよ〜!!
「広い」けど「きれい」ではないかもしれない
……
ん?

ぎーやあ
奥のベッドに黒いのがいる！
じ〜〜〜
おっ こっちの部屋もいいなーっ
でしょーっ
ガチャ
ビクッ
ん？ アレ・・・
アレ・・・いるよね？
うん 男が寝てるよ
友人の1人は〝視える〟人です
母はぼんやりとしか分からなかった

ホテル満室だし部屋は変えられないねぇ…
大丈夫！でもベッドでは寝たくないから奥の和室で寝ようかな…
それがいいかも
視えない感じない2人
その時母は友人を怖がらせないよう大丈夫なふりをしたそうです
どうせ自分もぼんやりとしか見えないのだからと
じゃあお風呂行ってくるね
行ってらっしゃーい
ここは国内有数の温泉地――…
友人は温泉大浴場へ
母は部屋のユニットバスへ――…
なぜなら
母は大浴場が大の苦手なのです
がらららら
さて私もお風呂入っちゃおうかな～
有名温泉地来たのに?!

ガチャ
どんより…
あ
ここダメだ
トリハダ
ぼぼぼぼぼぼつつつ

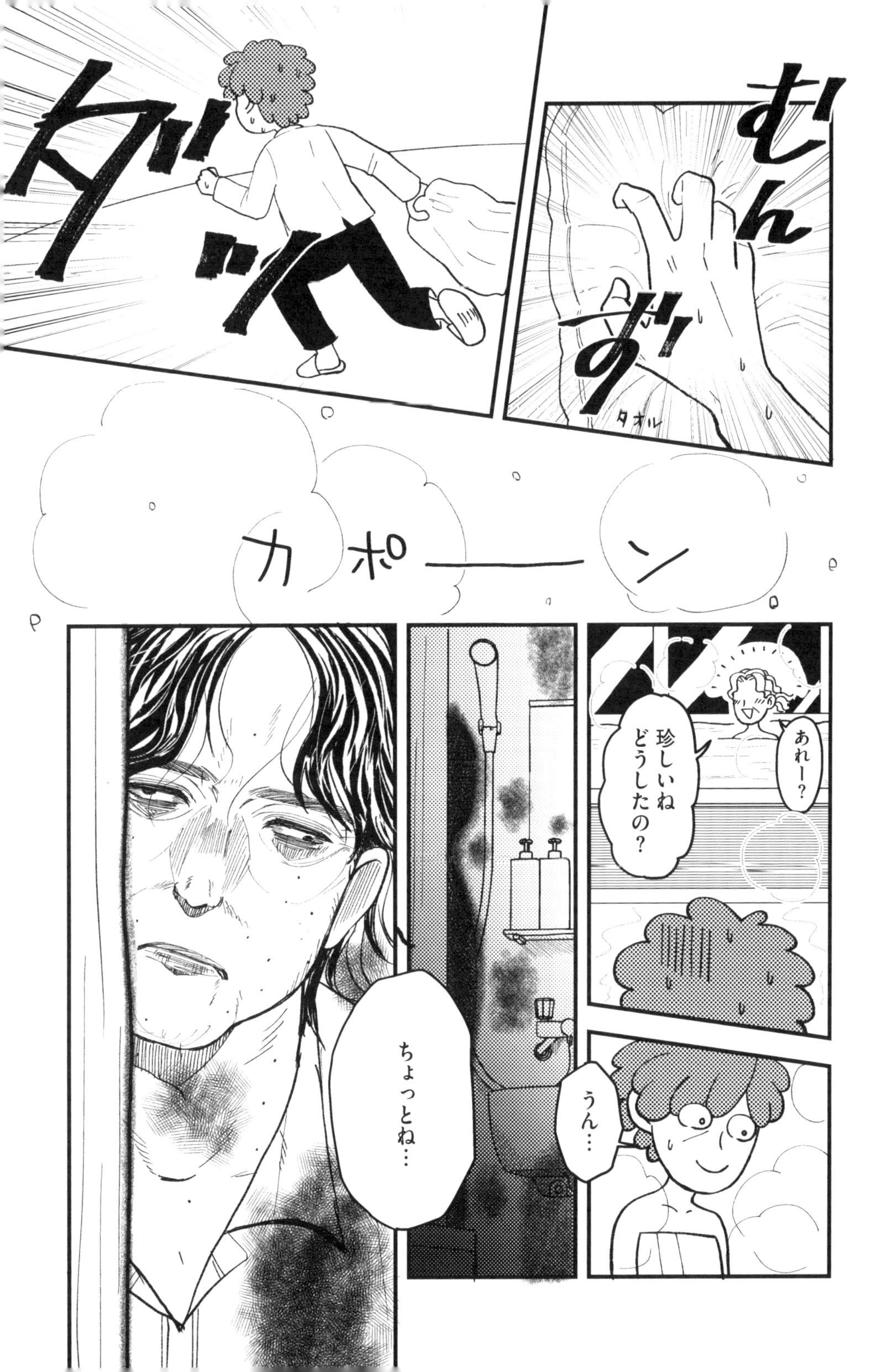
ダダッ
むんず
タオル
カポーーン
あれー？
珍しいね
どうしたの？
うん…
ちょっとね…

一緒にお風呂
入るの初めて
じゃない？
わぃ
わぃ
大浴場入るのも
初めてだよ
えっ
いいお湯だった
ねぇ
うん
キョロ
キョロ
キョロ
ピシャッ

母と友人はベッドではなく奥の和室で床につきました
もちろん障子はぴったりと閉めて…
でないと…
ニタァ…
あ～よく寝たね！
今日はどこ行こうか～！

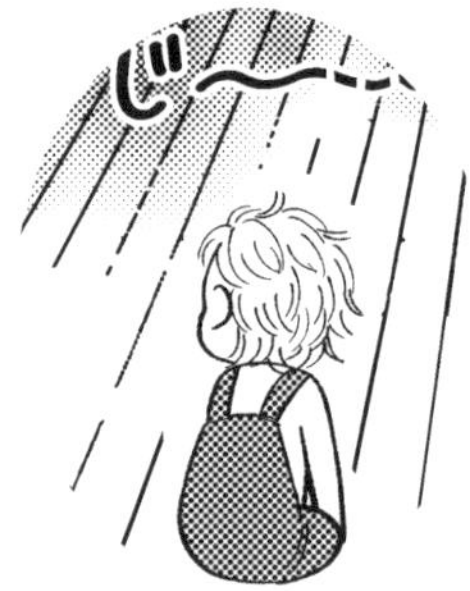
じ〜〜…

次は私が中学校に勤めていた時の話です
エネルギー変換
みなさんは先生の仕事ってどんなことがあると思いますか？
担任としての仕事や教科担当、生徒指導の他に
校務《こうむ》分掌《ぶんしょう》という学校運営のための事務や地域連携など多岐に渡ります
そして…
日直があります
パタンッ
学校日誌
日誌おーわりっ

私がいた学校の日直の仕事は
・学校日誌を書く
・生徒下校後の見回り施錠
・金庫の鍵閉め
が主な仕事でした
じゃ
見回り行ってきまーす
のそのそ
お願いしまーす
ガチャ
見回りは生徒が下校した
後から始まります
冬になると日が落ちるのが
早いこともあり
校舎は真っ暗です
外灯から届く光や
懐中電灯を頼りに
1カ所1カ所窓や戸が
施錠されてるか確認します

かちゃっ
は～～
寒いし暗いし
面倒くさい……
ペタ
ペタ
ペタ
ペタ
ペタ
ペタ
ペタ
ペタ
？
スッ
ボヤァ…
!?!?

あ
日直ですか？おつかれさまです～
おつかれさまです そうなんですよ～
1年生のフロアは全部鍵しめましたよ
ありがとうございます！
勝手知ったる我が職場 移動だけなら無灯火で歩くことも珍しくありません
びっくりした……
ドキドキドキ

ぐっ
ぐっ
は～～～っ
よしっ おーわり！
フッ
スイッチオフ
ペタ
ペタ
ペタ
ペタ
ペタ
ペタ
…………
おっ
今度は 誰かな？

1人で何やってるんだろう?
掲示物やってるのかな? 手伝おう
ペタ
ペタ
ペタ
おつ…
ビクッ
タッ
あれ
なんで顔も身体も真っ黒なの

ざわわわわ
シュバッ
これは……
「おつかれさま」と言ってはいけない奴だ!!
気づかれないように…
ススススススススス
ガタバタバタ
ガラ
ララ
職員室
ぶはぁ〜〜〜〜
よろよろよろ
気づいていることに気づかれないようにするだけで精一杯でした

次の日直…一緒に回ってくれぇ〜〜〜
いいよ〜？
このように学校には色々なものがいるようです
あなたが通っていた学校にもナニかがいたのかもしれません
夜の学校にはご注意ください

閑話休題　母の写真

んもう ○《母のこと》ちゃんったら
またこんな 写真撮って！
何なに どうしたの？
○ちゃんが 私の寝顔撮って たのよ！
じゃあ今晩 やり返して あげればいいのよ
そうね！
母が友人たちと 旅行に行った時の 話です
あれま じゃあ 化粧して 寝なきゃ
あははは！
やだもう〜〜ッ!!
翌日——
○ちゃん！ 本当に撮っちゃった からね！
えー！ 見せて見せて！

よく撮れてる！
あごめん！
間違えて
消しちゃった！
ピッ
消去
も～～～～～～！
友人は異様に伸びた
髪には気づかなかった
ようです
もちろんわざと
消しました

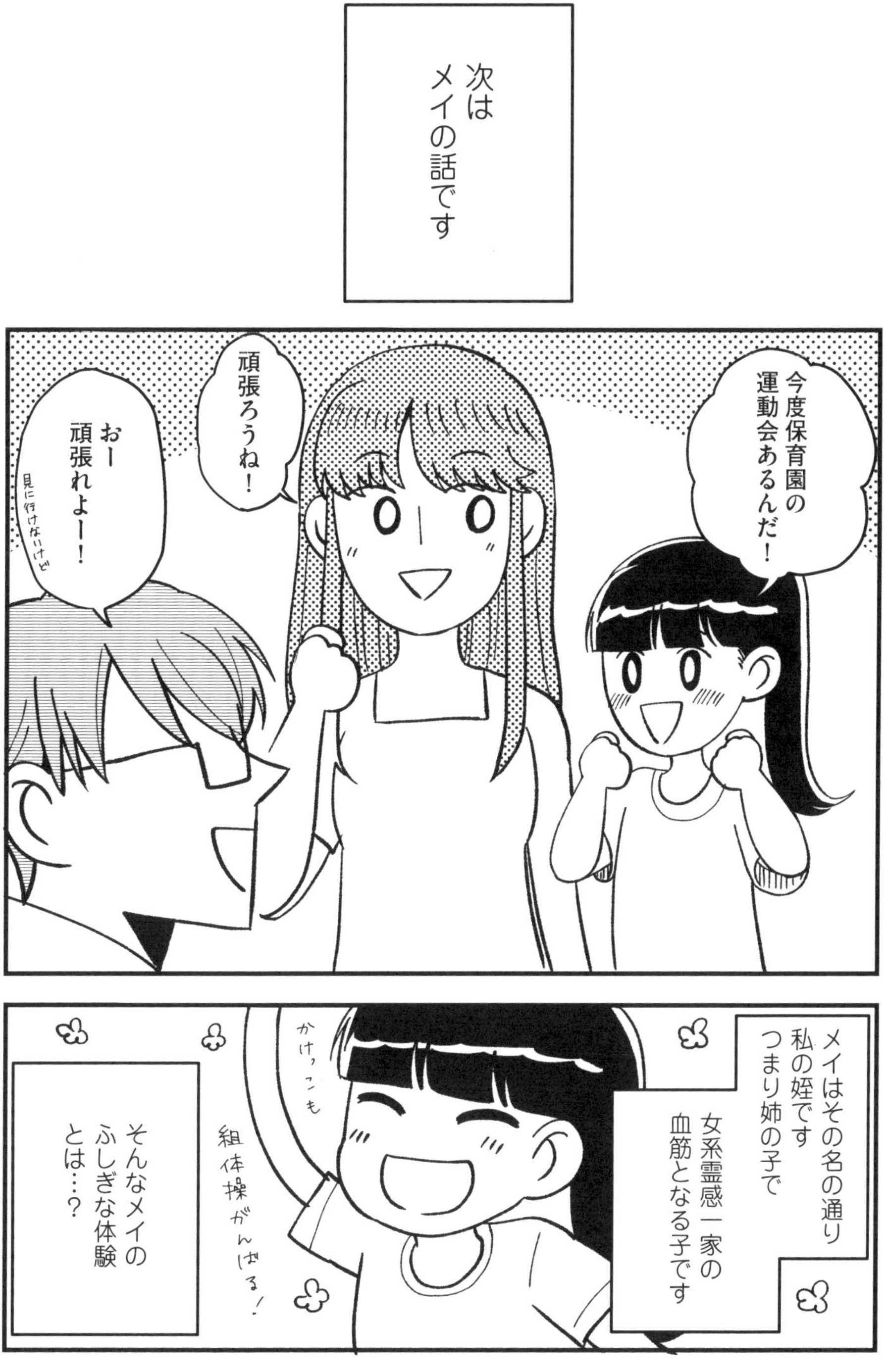
次は
メイの話です
今度保育園の運動会あるんだ！
頑張ろうね！
おー頑張れよー！
見に行けないけど
メイはその名の通り私の姪です つまり姉の子で
女系霊感一家の血筋となる子です
かけっこも
組体操がんばる！
そんなメイのふしぎな体験とは…？

うんどうかい
よかった
間に合った！
ママ メイたち
あそこに集まるん
だよ
そうなんだ！
行こう
メイの保育園は
私たちの氏神様でもある
海神社の近くに
あります
おはようっ
おはよう！
ぱん
今日は園の
体育館で
運動会です

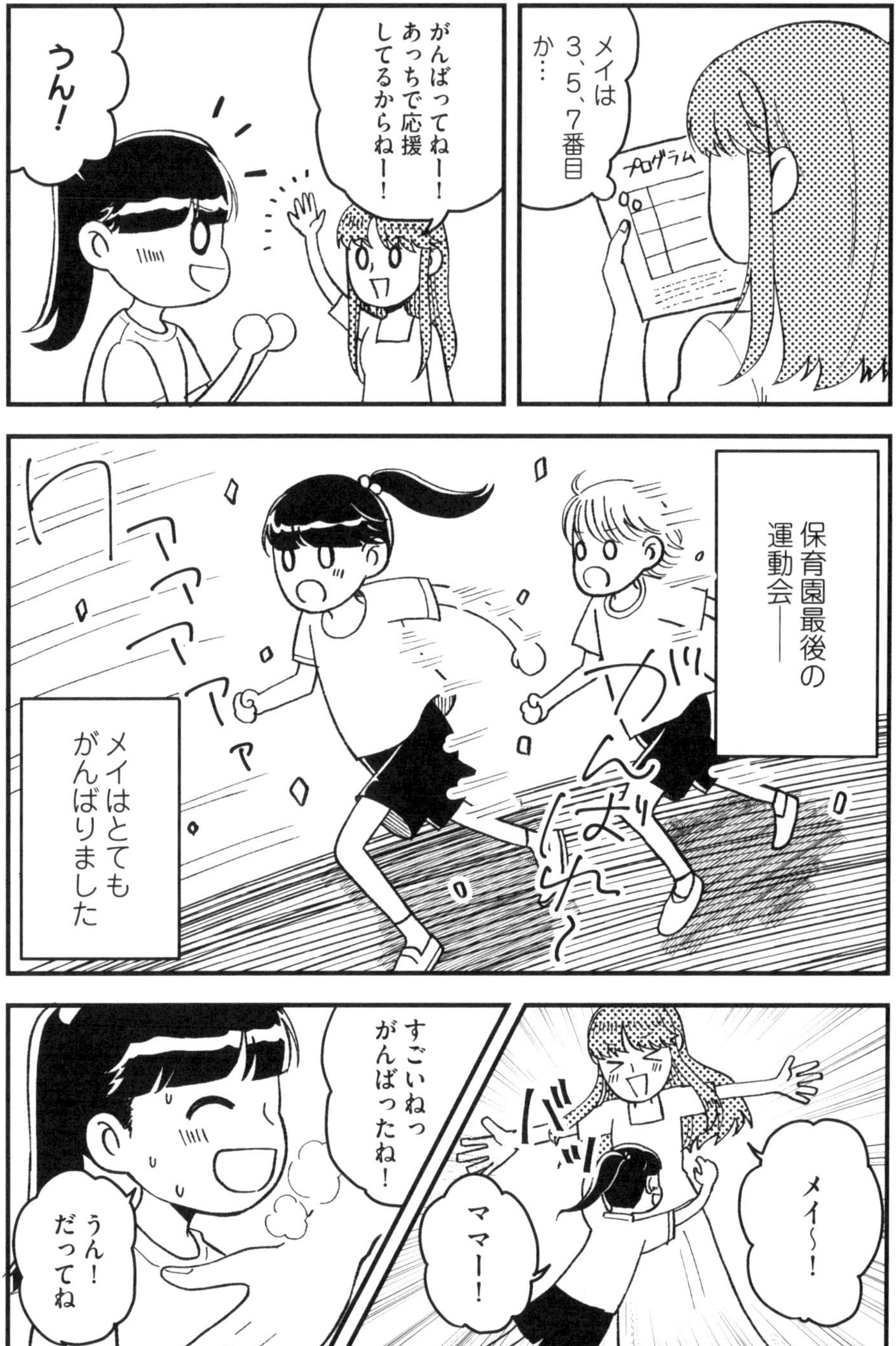

プログラム
メイは3、5、7番目か…
がんばってねー！あっちで応援してるからねー！
うん！
保育園最後の運動会――
ワアアアアァ
がんばれ〜
メイはとてもがんばりました
メイ〜！
ママー！
すごいねっがんばったね！
うん！だってね

ママと神様が見てくれてたから！
私《ママ》と
神様…？
え？　神様ってどういうこと？
予行の時もいてくれたんだよメイのこと応援してくれてるの！
あそこで！

神様も観覧席で見てるの？
ちがうよ
ずらあ〜
窓の外から見てるの！

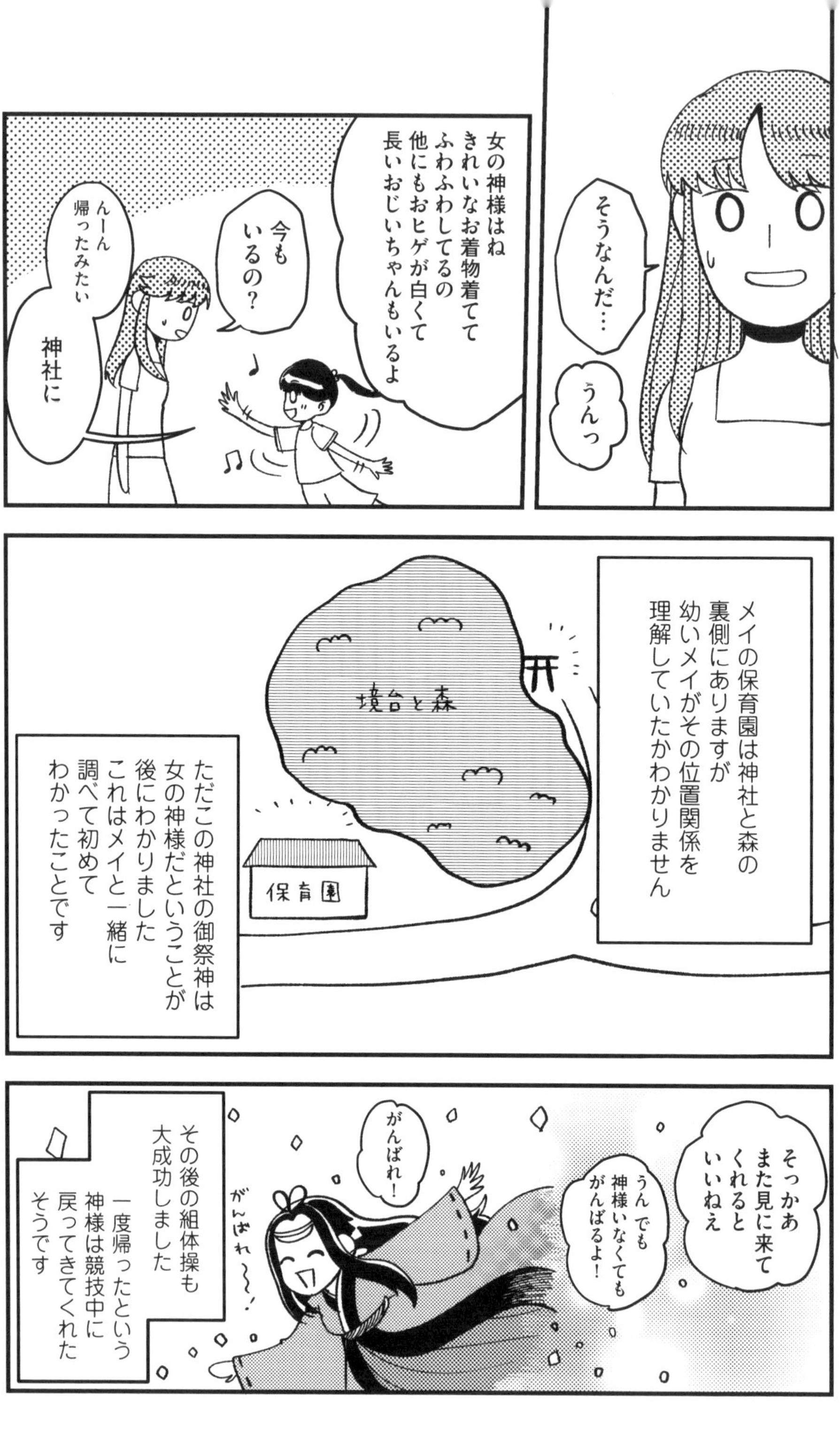
そうなんだ…
うんっ
女の神様はね きれいなお着物着てて ふわふわしてるの 他にもおヒゲが白くて 長いおじいちゃんもいるよ
今も いるの?
んーん 帰ったみたい
神社に
メイの保育園は神社と森の裏側にありますが 幼いメイがその位置関係を理解していたかわかりません
境台と森
保育園
ただこの神社の御祭神は 女の神様だということが 後にわかりました これはメイと一緒に 調べて初めて わかったことです
そっかあ また見に来て くれると いいねえ
うん でも 神様いなくても がんばるよ!
がんばれ!
がんばれ〜〜!
その後の組体操も 大成功しました
一度帰ったという 神様は競技中に 戻ってきてくれた そうです

ここまで私たちが
家の外で体験した
ふしぎな話を
ご紹介していきました
では除霊した家では
その後
どんなことが
あったのでしょう
お楽しみに！

逃げっっ

第2章
やっぱり幽霊屋敷？

除霊してからの
我が家は色々なことが
変わりました
かいつまんで
紹介していきます
2017年5月
除霊完了
しました！
2017年7月
そろそろ
家建てようか

2017年8月
実家古いし建て直して一緒に住もう！
二世帯で一緒に住むのねいいよ
全くゼロの状態から1カ月でホームメーカーと契約
2017年12月
ガラ
ガラ
ガラ
実家解体
2018年2月
『霊感一家のふしぎな実話』発売
2018年3月
新居完成
りか夫婦、両親猫3匹が共に暮らし始めました

同2018年
長女いちご誕生
2020年
次女にこが
誕生しました

そして
色々な出会いと
別れを経て

今に
至ります

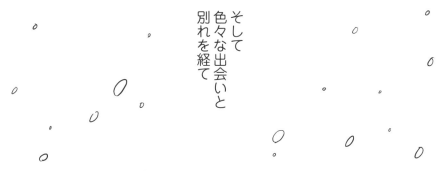

では除霊後の我が家での霊現象はどうなったでしょうか

正直…たまにあります！
でも前が100なら今は1くらい
しかしこれには理由があるのです
除霊後 家の中にいる霊は皆成仏し、綺麗になりました
その後結界を張ってもらいましたがその結界は…
敢えてゆるく張っているのです！
ガッチリ張ると悪い気だけではなく良い気もシャットアウトしてしまうんです なので ゆるく張って風通しを良くしています
もちろんキツく張ることも可能です！！

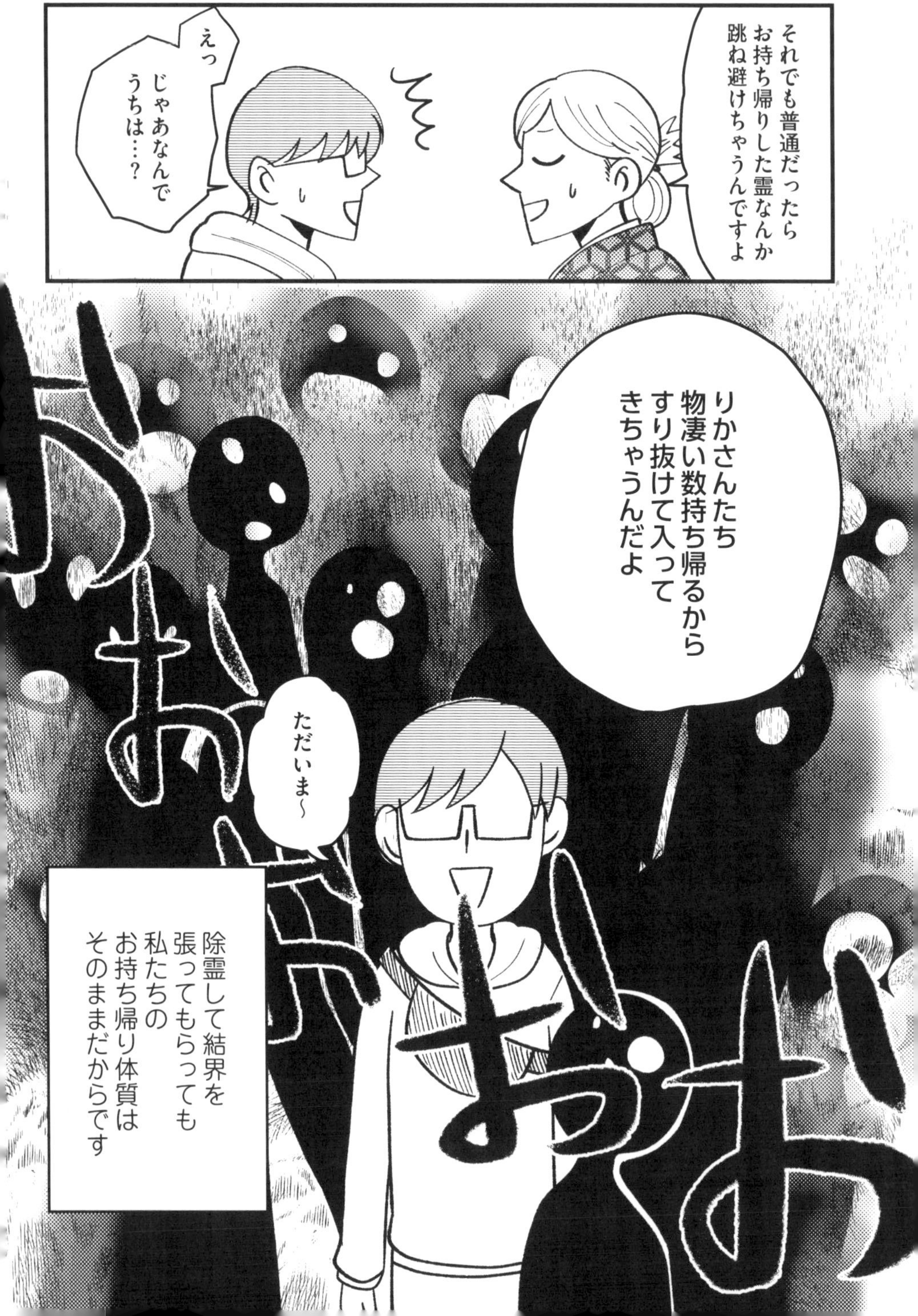
それでも普通だったら
お持ち帰りした霊なんか
跳ね避けちゃうんですよ
えっ
じゃあなんで
うちは…？
りかさんたち
物凄い数持ち帰るから
すり抜けて入って
きちゃうんだよ
ただいま〜
除霊して結界を
張ってもらっても
私たちの
お持ち帰り体質は
そのままだからです

家以外でもふしぎな体験が多い私たちはそれ以上に「お持ち帰り」していたのです
カリ
カリ
カリ
カリ
カリ
カリ
風通し重視でゆるく張っているので霊が突撃してくると結界がもろくなってしまう！
また張り直しておきますね
ありがとうございます！
せいらさんのアフターフォローは無料なのだ！
ふしぎな体験はすごく減ったし家は嫌な感じはしないしとても快適に暮らしています
前に比べたらゼロに近い
夜中にトイレ行っても全然怖くないの…
たまにあるふしぎなことは我らのせいなのです…
そんな結界をすり抜けてくる霊とは…？
お楽しみに！
NEXT

ほにゃあ
!!
ほにゃあ
はーい…
どうしたの…
ほにゃあ
おなか
すいたのかなー
んくっ
んくっ
ほれ
お飲み
んくっ
パッ
01:58
……
あれから
1時間しか
経ってない…
はぁーーー…
長女いちご出産後
私は本当〜〜〜に
心身ともに参ってました

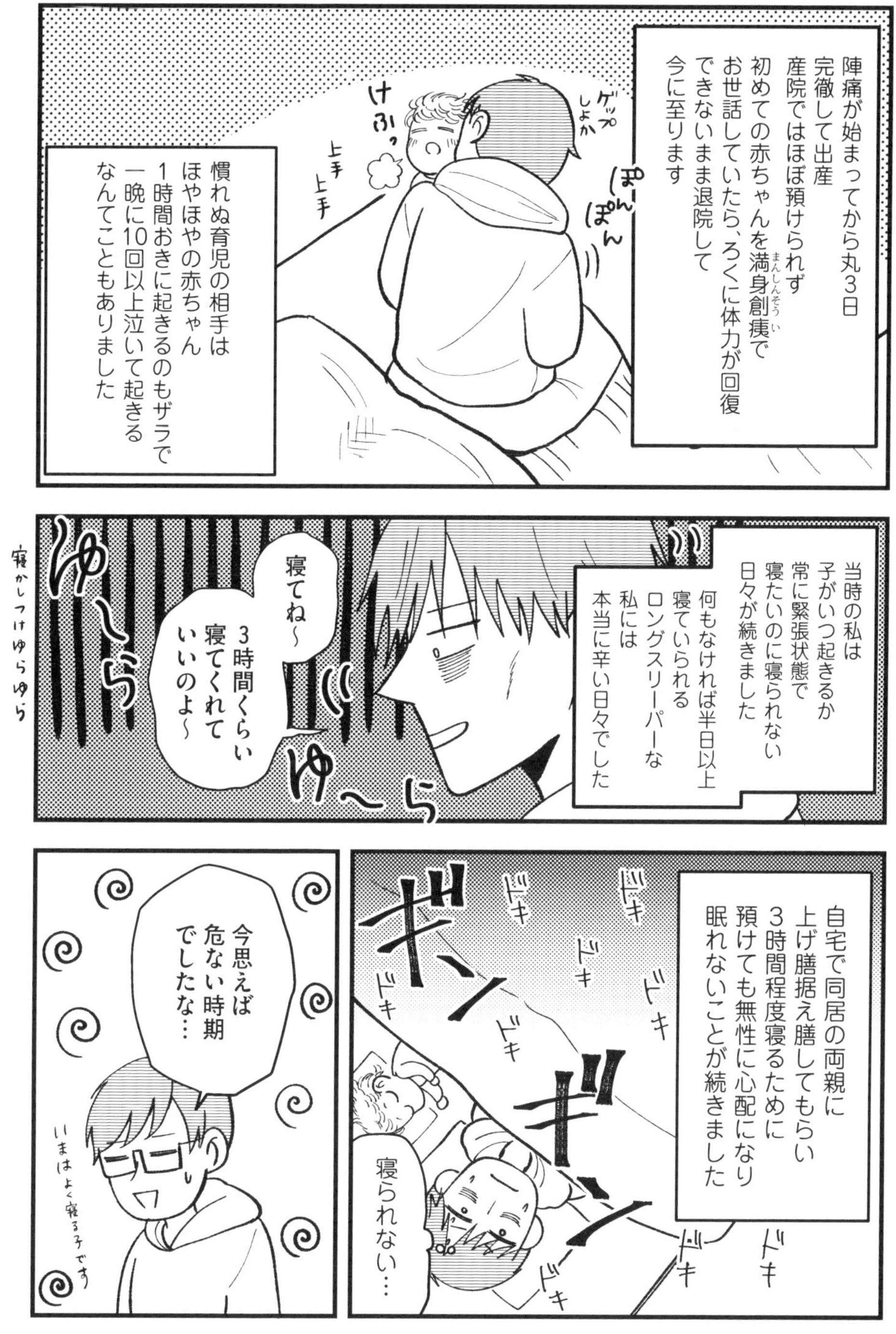
陣痛が始まってから丸3日
完徹して出産
産院ではほぼ預けられず
初めての赤ちゃんを満身創痍《まんしんそうい》で
お世話していたら、ろくに体力が回復
できないまま退院して
今に至ります
ゲップしよか
ぽんぽん
けふっ
上手上手
慣れぬ育児の相手は
ほやほやの赤ちゃん
1時間おきに起きるのもザラで
一晩に10回以上泣いて起きる
なんてこともありました
当時の私は
子がいつ起きるか
常に緊張状態で
寝たいのに寝られない
日々が続きました
何もなければ半日以上
寝ていられる
ロングスリーパーな
私には
本当に辛い日々でした
寝てね～
3時間くらい
寝てくれて
いいのよ～
ゆ～ら
ゆ～ら
寝かしつけゆらゆら
自宅で同居の両親に
上げ膳据え膳してもらい
3時間程度寝るために
預けても無性に心配になり
眠れないことが続きました
ギン
ギン
ドキ
ドキ
ドキ
ドキ
ドキ
ドキ
ドキ
ドキ
ドキ
寝られない…
今思えば
危ない時期
でしたな…
いまはよく寝る子です

そんなストレスフルな
毎日が続いた
ある日――…
やっっっっっと
寝た!!
すぅ…
げそっ……
あまりの夜泣きっぷりに仕事に支障をきたしそう
なので夫は別室で寝ていました
しんどい…次は何時間
いや、何分後に
起きるのかな
あ スマホに
授乳時間入力
しないと…
ゴロン
ビキィッ

か…
金縛りだ〜〜〜!!
久しぶり…
除霊してから初めてでは…?!
なんでこんな時に「来る」んだろ
ちょうどいいから寝るかぁ…
金縛りに慣れすぎている りか
ん?
あれ?
この声誰だ?
夫くん…ではない…?

その声は徐々に
唸り声から
お経のような叫びに
変わっていきました
いちこは
大丈夫かな
起きて
くれるなよ…
ていうか
こんな大変な時期に
すんごい迷惑だな…？
こちとらただでさえ
夜寝られないのに
金縛り？　お経？
昼寝できない
タチだから
夜しか寝られない
のだが？
ムカついて
きたな
自分のせいで
寝られないんじゃなくて
よくわからん奴に
眠りを妨害されるの
腹立つな!!
そもそもな？
やっっっと寝たいちこが
起きたらどうして
くれる？
イラ
ぷっちーん

う…
うるせぇぇ!!!!
がばぁっ
起きちゃうでしょ
黙ってな!!!
こちとら人生で
一番大変なんだ！
邪魔すんな!!!!
ピタッ
すよ
すよ
すよ
……!!
……
声の主

シ――――…ン
はぁ
はぁ
はぁ
すよ
すよ
逃げやがった
逃げんならはじめっから
ちょっかい出すんじゃねえ！
ガッ
コロッ
珍しくいちこはよく
寝てるね
私も寝ようかな♡
おやすみ♡

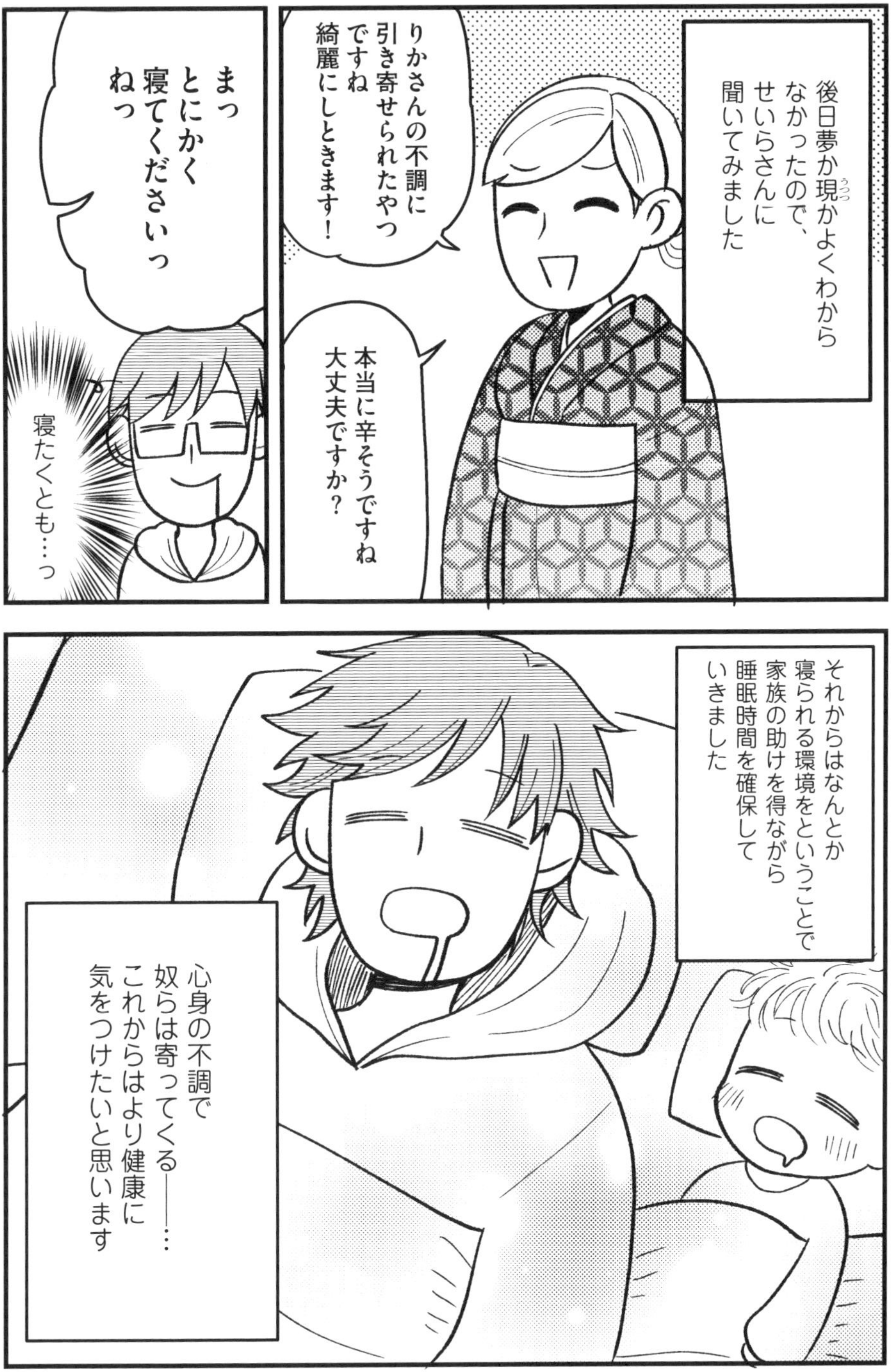
後日夢か現《うつつ》かよくわからなかったので、せいらさんに聞いてみました
りかさんの不調に引き寄せられたやつですね 綺麗にしときます！
本当に辛そうですね 大丈夫ですか？
まっ とにかく寝てくださいっ ねっ
寝たくとも…っ
それからはなんとか寝られる環境をということで家族の助けを得ながら睡眠時間を確保していきました
心身の不調で奴らは寄ってくる——…これからはより健康に気をつけたいと思います

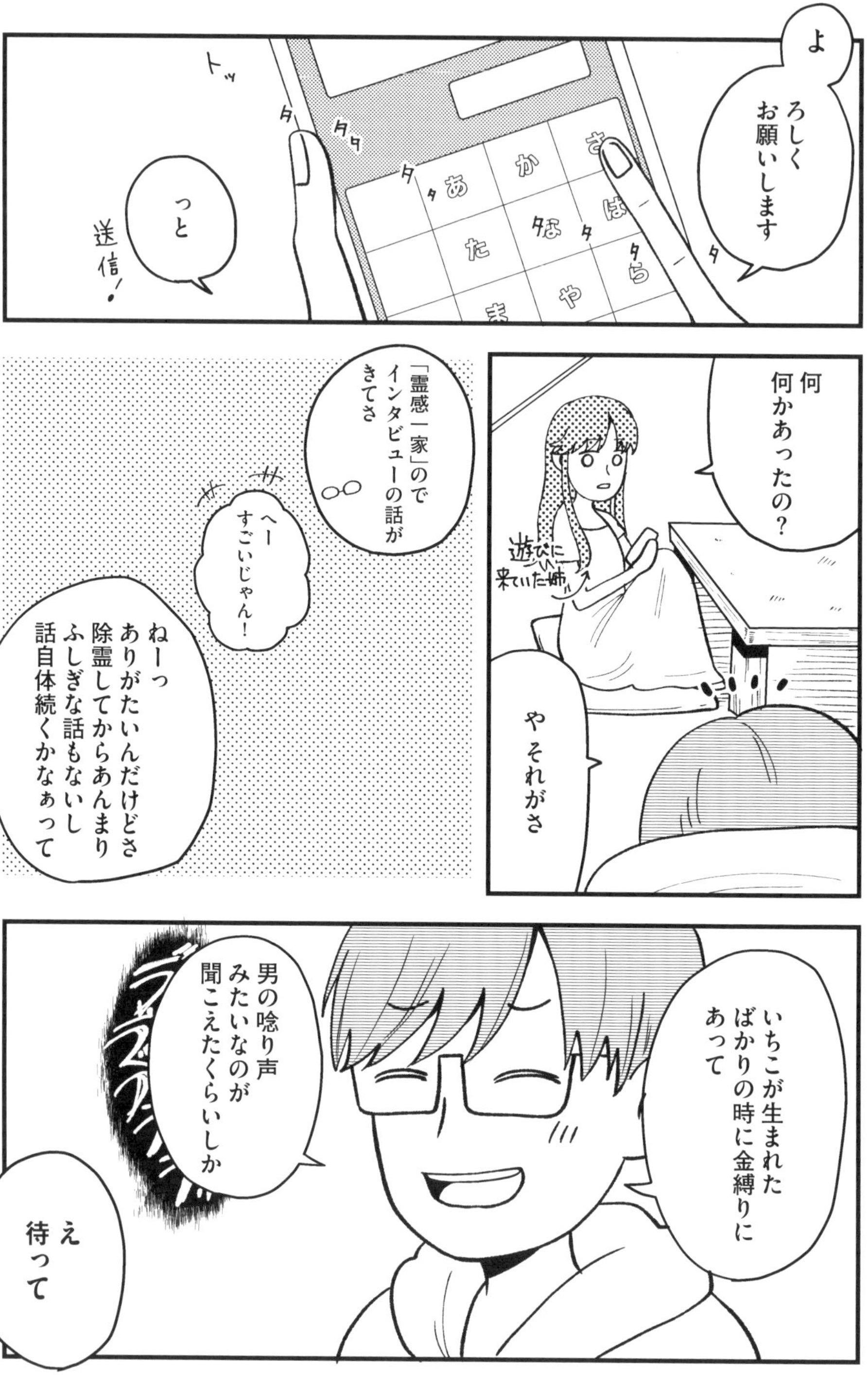
よろしく
お願いします
トッ
っと
送信!
何
何かあったの?
遊びに来ていた姉
や
それがさ
「霊感一家」ので
インタビューの話が
きてさ
へー
すごいじゃん!
ねーっ
ありがたいんだけどさ
除霊してからあんまり
ふしぎな話もないし
話自体続くかなぁって
いちこが生まれた
ばかりの時に金縛りに
あって
男の唸り声
みたいなのが
聞こえたくらいしか
え
待って

りか今「ゔゔゔ」って言った?
え?
言ってないけど…
「唸り声」って言うところで「ゔゔゔ」の声マネしてないよね?
してないよ!
………
あ――っっやっぱいるのかな~
?どういうこと?
さっきお母さんから聞いたんだけどダイニング行った時…

ガチャッ
スーッ
誰⁉
あんな服持ってる人
家族にいないし…
ていうか
大きいな⁉

ドアを開けたら
ボーダーの服を着た
すっっっごく大きな人が
いたんだって
誰もいない…
キッチンのほうに歩いて
行ったのに見たら
誰もいなかったって
え〜〜〜〜
久々にガチなやつ
じゃん!!
これからお風呂に
入ろうと思ってたのに
ビビらせないでよ!
ニヒヒヒヒヒッ
お風呂で何も
出ないといーね!
ネタできて
よかったじゃん
はっ
確かに…!!

カポーン
母と姉が同時に視たり聞いたりするの久しぶりだなぁ…
ごし
ごし
ごし
ごし
同じ人(?)なんだろうなぁ…
ふううううう
ぼ
ぼ
ぼ
ぼ
ぼ
ぼ
トリハダ
バタン!!
ダダダダダダ
ビュ〜〜ン
お風呂はもちろん洗面所には誰もいませんし窓も開いていませんあの息は一体…?

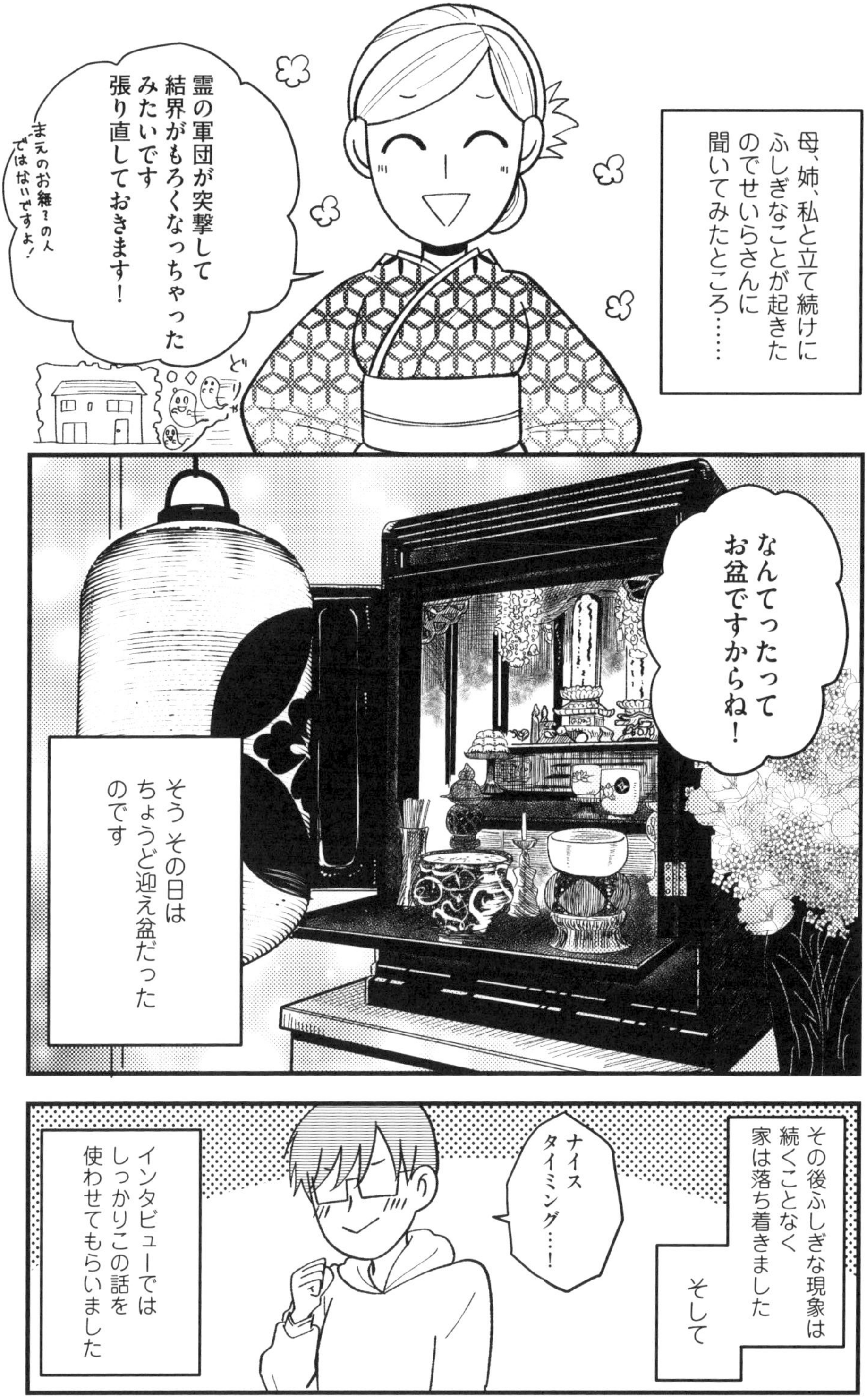
母、姉、私と立て続けにふしぎなことが起きたのでせいらさんに聞いてみたところ……
霊の軍団が突撃して結界がもろくなっちゃったみたいです張り直しておきます！
まえのお雑？の人ではないですよ！
どりゃ
なんてったってお盆ですからね！
そうその日はちょうど迎え盆だったのです
その後ふしぎな現象は続くことなく家は落ち着きました
そして
ナイスタイミング…！
インタビューではしっかりこの話を使わせてもらいました

いちこが
2歳になる
前のことです
じ〜〜
じ〜〜…
だれ
いちこ
どうしたのー
スッ

え？
え？誰かいた？
うん
どこに？
蜻蛉切《ぽんぽちい》
ええ…
誰もいないよ？
いるよ
※某刀剣ゲームの蜻蛉切のグッズを飾っているため
書斎を「蜻蛉切の部屋」と呼んでいます
しろいの

ええぇ～…
いる！
いちこ まさか 視えるの…？
白い服着てるっていうなら驚かせるのが大好きなあのキャラかもしれないねっ
まだいる？
うん
そっかぁ… いるのかぁ…
そんなやりとりが何回かあった同時期に
昨日の夜中 2時頃 1階降りてきた？
え？ 降りてないよ
だよねぇ 寝てるもんね
ついに母まで

新居は
二世帯住宅で
1階は父と母
2階は私と夫と
いちこで暮らして
いました
1階に浴室や
洗濯機がありますが
夜中に用は
ありません
2F
1F
昨晩――…
ブロロロ
ビク
ドダドダ
夜中に降りてくるなんて
どうしたんだろう…
しかし足音大きいな！
超夜型
テレビ見てた

その時は特に気にしなかったそうですが――……
ま、いいか
後日、夜中に母と姉が通話していた時のこと――……
でさ この前
…っていうことがあったんだけど
へ―― よかったじゃん
あ
ん?
よっこいしょ
トイレ行くわ
それでさ…
あれ?
今誰か後ろにいる?
え?

後ろ?
誰もいないけど…
え——!?
今誰か後ろでしゃべってたよ!?

いちこが見た
書斎の白い人
夜中の階段の
足音
電話越しの
しゃべり声
ふしぎなことが
立て続けに
起きたため
またまた せいらさんに
聞いてみました
いますね～
中年の女性です
祓っておきます
中年の
女性！
母が持ち帰ってきたという
女性は2階の書斎を
根城にして、家の中を
徘徊していたようでした
という
ことは——…

いちこは〝視える〟ことが確定しました
書斎に「いる」って言ってたもんなぁ〜

書斎《とんぼきり》もういない？
うんっ
これから「視えた時の対処法」を教えてあげないと…と頭を悩ませたとある日のことでした

またある日のこと――……
にゃあ
にゃあ
にゃあ
にゃあ
?
あんこどうした～？
そんな鳴くの珍しい……

……
なんだ今の
その夜——
ゴホッゴホッ
コンコン
幼稚園生となったいちこが熱を出しました
ズビ
ズビ
ゴホ
お熱に咳鼻水明日は幼稚園お休みだね
え～
ゴホ
ゴホ
ズビ
この頃には次女、にこも生まれ4人家族です
にこにうつっちゃうし今晩は寝室わけよっか
じゃ俺はいちこと寝るわ
何かあったら呼んでね
ひしっ
おやすみ～
絶対にパパと寝たいいちこ

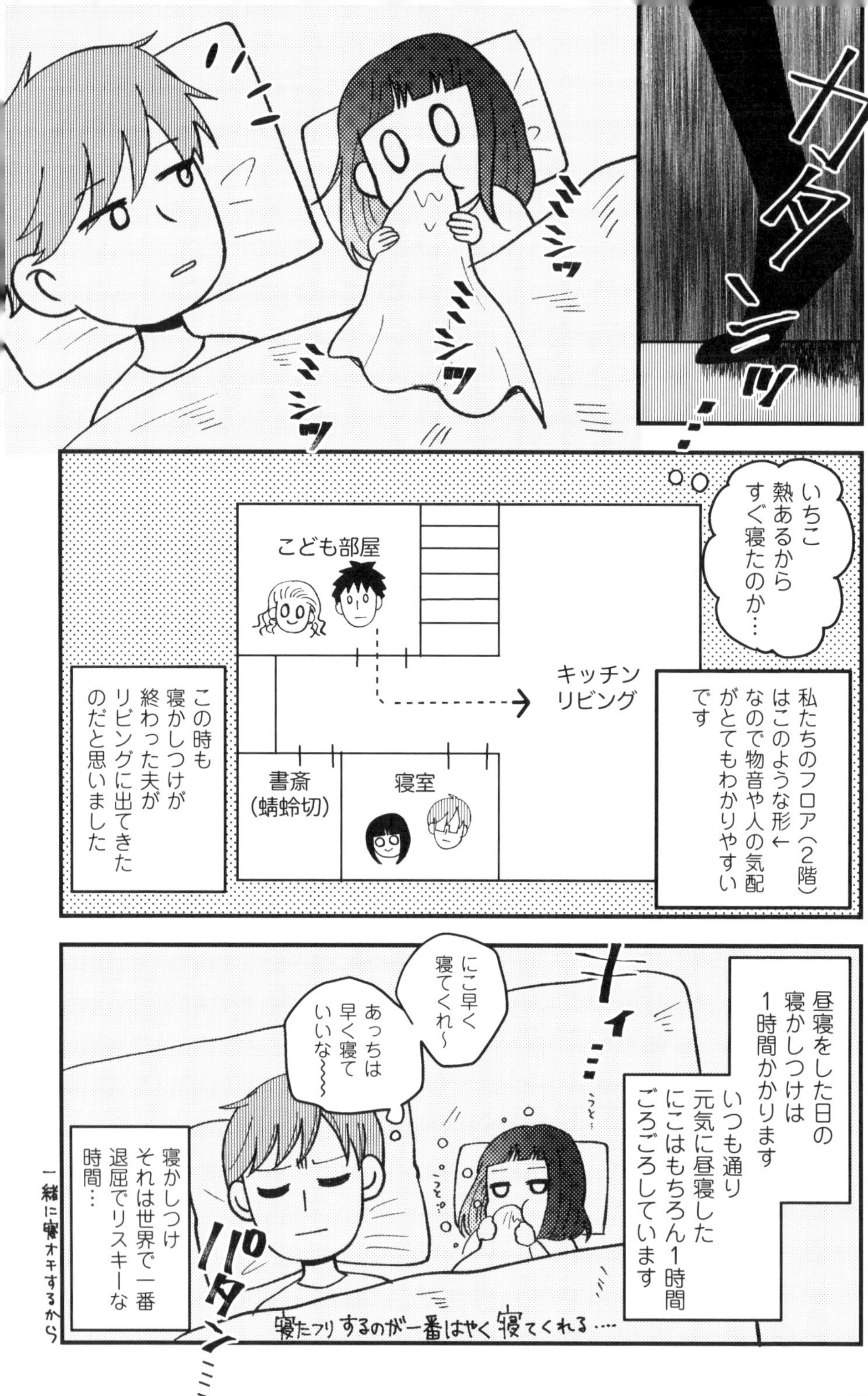
カタンッ…
ハッ
ミシッ
ミシッ
ミシッ
いちこ熱あるからすぐ寝たのか…
私たちのフロア（2階）はこのような形←なので物音や人の気配がとてもわかりやすいです
こども部屋
キッチンリビング
書斎（蜻蛉切）
寝室
この時も寝かしつけが終わった夫がリビングに出てきたのだと思いました
昼寝をした日の寝かしつけは1時間かかります
いつも通り元気に昼寝したにこはもちろん1時間ごろごろしています
にこ早く寝てくれ〜
あっちは早く寝ていいな〜〜〜
キィ…
うと…
うと…
寝かしつけ それは世界で一番退屈でリスキーな時間…
パタン…
寝たフリするのが一番はやく寝てくれる…
一緒に寝オチするから

そして寝オチ…
ぐーおおお
おはよー
おはよう
いちこよく眠れたみたいだね
まだぽっぽしてるね
そういえば昨日寝かしつけてから何やってたの？
ずっと布団でスマホいじってたよ
えっ
リビング行ってないの？
うん
本当に!?
本当だよ そんなウソついても仕方なくない？
だって廊下の足音絶対聞こえたもの…
確かにリビングずっと暗いしその後物音ひとつしてなかったけどさぁ…
そうだよね…

念の為父と母にも確認しましたが…
昨日の夜 2階上がってきてないよね?
上がってない
りかたちも下に降りてきてないよね?
え? うん
また階段から足音聞こえたんだよね
えっ ドスンドスンって!?
いや トタタタタって子供みたいな
いちことにこはちゃんと寝てたよ…
足音の大きさや歩幅の感じから以前の女性と違うのは明らかでした
そして次の日の夜…

!?!
なっ
キョロ
キョロ
キョロ
何!?
あっ…

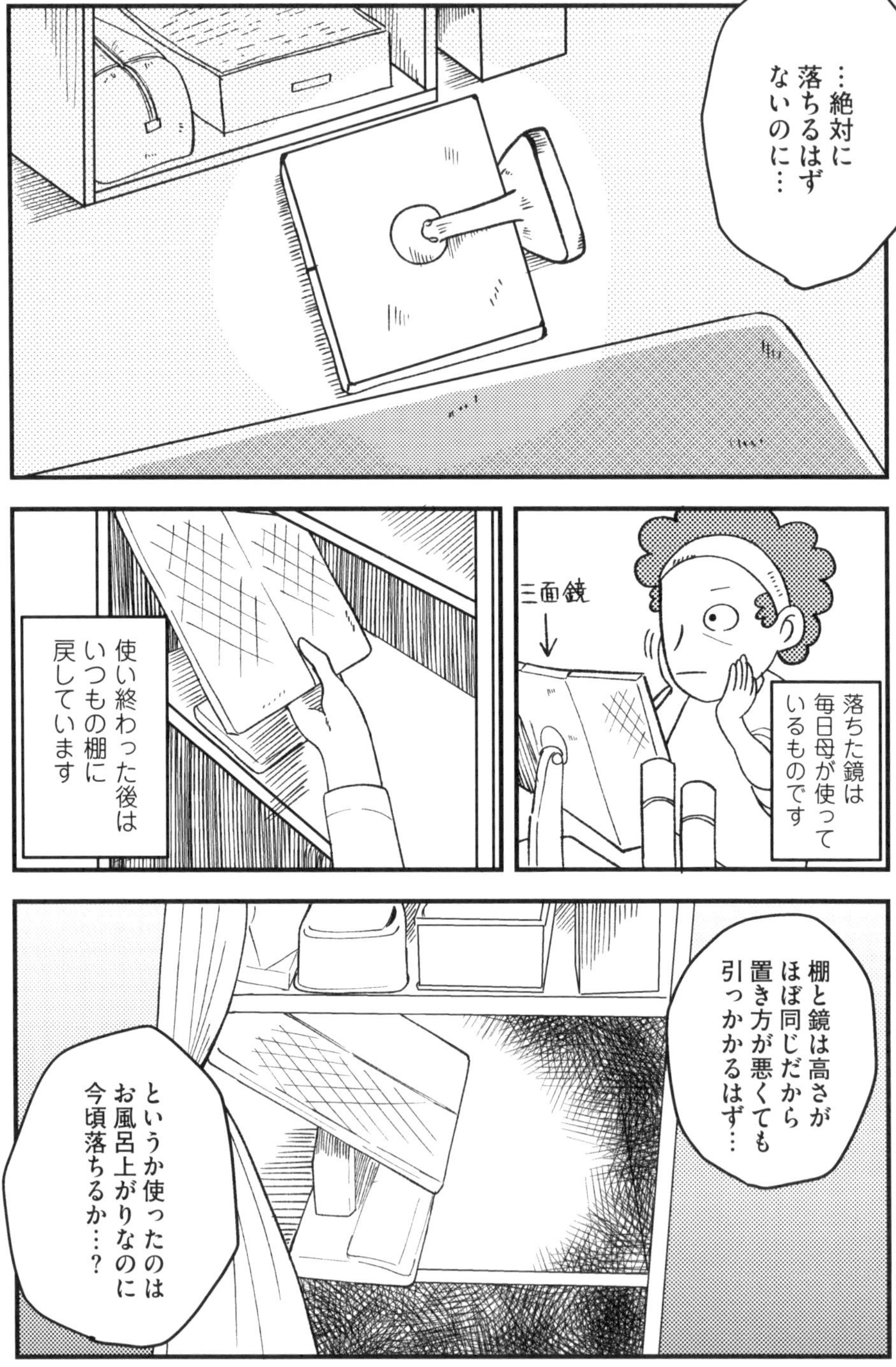
…絶対に
落ちるはず
ないのに…
落ちた鏡は
毎日母が使って
いるものです
三面鏡
使い終わった後は
いつもの棚に
戻しています
棚と鏡は高さが
ほぼ同じだから
置き方が悪くても
引っかかるはず…
というか使ったのは
お風呂上がりなのに
今頃落ちるか…？

その後せいらさんに聞いたところ小さな男の子がいたそうです
長女が幼稚園から「お持ち帰り」したようです
こんこん
体調不良は呼び寄せやすいって言ってたもんな…
お鼻チンしよう
そういえば男の子はなんで母の部屋でいたずらしたんでしょう?
鏡おとして…
それは男の子のママとお母さんを重ねていてかまってほしかったみたいです
げ、現役母(私)が負けた…!!
ガビーーーン
母の「人」と「霊」を引き付ける力はいまだ健在のようです

ここからは秋月流「日常的な浄化の方法」をご紹介していきます！
よろしくお願いします！
「浄化」って誰でもできるものなんですか？
私、視えるだけ…
？
できますよ！
特別な力や特別な物は必要ありません
10分程度の浄化で効果を発揮することができ金銭的に負担がかかることもありません
えっすご…!!
負担がかかると日常的に続けられないですから
どれも簡単なので一緒にやっていきましょう！
はいっ

その1　心身の浄化

これ知りたかったんです！
お持ち帰り体質の人は必見ですよね!!
何したら良いですか
滝行ですか!?
待って
滝行は「日常的」に「簡単に」はできないですよね？
日光浴です
に…日光浴…？
思ってたのとちがう…
太陽の力は地球上で最も浄化作用の強いエネルギーなんですよ
特に朝は陽の気100%

とはいえ夏場などは
強い日差しや紫外線など
長時間日光を浴びるのは
デメリットを生じさせるので
10分程度で大丈夫です
サン
サン
サン
サン
紫外線のことまで…
太陽が出てる
時間なら何時でも
いいんですか？
夕方とか…
いえ15時以降の西陽は
「陰の気」が強くなります
西陽は浄化に
向きませんので
必ず夜明けから14時頃を
目処に行ってください
「陰の気」…
勝手に16時頃かと
思ってました
あとは入浴も
重要です
その日につけた穢れを
その日に落とすことが
できて睡眠時に心身の
修復をクリーンな
状態で行えますよ
必ず新鮮な水で
入浴して
くださいね
追いだきはNG!!
「その日の汚れ
その日の
うちに」…
続いて
その2
建物の浄化
建物…
建て替える前の実家は
まさにお化け屋敷でした
どんより
床の間がある部屋は
昼間でも入りたく
なかったですね

床の間の部屋ってどんな感じでしたか?
南に広い縁側があったのですが縁側も部屋も物や家具がたくさん置いてあったし、カーテンも締め切っていたので全体的に薄暗かったです
床の間の部屋は元々あまり使っていない部屋だったので人の出入りは少なく、窓や戸は閉めっぱなしでした
それはよくないですねー!!
スパアー
お部屋も日光浴しましょう
ここでも日光浴が!!
心身の浄化と同じです部屋いっぱいに太陽のエネルギーを入れてあげてください
西陽は良くない
14時頃まで日照を確保できない場所は照明で明るくすることで擬似的に浄化することができますよ

そして
空気の入れ替えと
こまめな掃除も
大切です！
浄化というより
建物のお手入れ
みたいですね
どちらも建物の
健全な状態を
維持するには
必須ですね！
そうじ大好き〜
サァ
まずは1日1回
家中の換気を
まんべんなく
行いましょう
軽微な霊障なら
空気の入れ替えや
窓の開閉だけで
外に出すことが
できます
ァ ァ ァ
気をつけて
いただきたいのは
「湿気」です
湿度が高くこもった
空気を放つ場所は
陰の気が
たまりやすく不浄なものも
たまりやすくなります
換気扇や除湿機
除湿剤で湿気とは
無縁の環境づくりを！
ピカ
じゃあ
水回りも…？
ピカ
清潔に
低湿度で!!

日光が入りにくく湿度が高い場所については物をたくさん置いたり汚れたままにしておくのは避けましょう
清潔で整理整頓がきちんとされていることで大きな守りのエネルギーをまとうことができます
前の家の床の間のある部屋…悪い意味で心当たりがありすぎる!!
日当たり悪い
掃除してない
物が多くて置きっぱなし!!
幽霊たちに最高の環境を用意してしまっていた…!!
アリガト〜
どこを重点的に掃除したらいいですか?
スチャッ
入れっぱなしの物は季節の変わり目ごとに出し入れを行ってください
あとは床掃除ですね
床は負のエネルギーがたまりやすいですから
ダダダダダダダ
はいっ

その3　物の浄化

物の浄化にも日光浴です
さん
さん
やっぱり日光浴!!
さん
さん
さん
やり方や時間は心身の浄化・建物の浄化と同じです
14時まで！西陽厳禁！10分程度でOK！
バッチリです!!
置き物や人形・石など負のエネルギーがたまりやすい物はこまめに浄化しましょう
何年も着ていない洋服や和服も季節ごとに外に出して浄化してください
どうしても直射日光に当てられない物は陰干しするか15分程度流水にさらしましょう
サァァァァァァ
ただし陰干しや流水での浄化は太陽光ほど浄化の力が強い訳ではないのでご注意ください

…とここまで浄化のやり方についてお話ししてきましたが
負のエネルギーがたまらない環境づくりが大切です
日当たりが悪く暗い場所は自ずと魔が寄るとご認識ください
は…はいっっ
日光浴と掃除がんばります!!!
日常的な浄化を毎日行うことで光に満ちた毎日を送ることができます
「日々の浄化」というメンテナンスによってエネルギーを乱さない毎日が皆様の日々の蓄えとなりますように
これを読んだ皆さんさぁカーテンを開けて日光浴をしましょう!
良き日々を!

おさもに！

※にこの造語

にこはいままで一度も
「視た」や「こわい」など言ったことがありません

幼すぎるのか、夫に似すぎているためか…？

第3章 姉と祖母とせいらさん

12月11日
朝のこと――
入るよ
ギィ
ん－?
どうしたの?
ガタッ
お姉ちゃんが
死んだ
え?
本当に?
本当に

いつ死んだの？
事故？
昨日の夜
…ガンだよ
昨日か…
ガンかー…
ガンは
いつから？
春頃にわかって
1年もたなかった
ん――
そっかー
死んだのか
そっか…
やけに他人事
のように
話していると
思われるかも
しれません
その時姉は
遠い遠い海の向こう
アメリカに
いたのです
話は新型コロナウィルス
発生前にさかのぼります
じゃあ
行ってくるね

気をつけて
うん！
姉は離婚後しばらくしてから仕事を辞めカナダへ移住することにしました
元々姉は狭い日本より広い海外を好んでいましたなぜこのタイミングだったのかはわかりません
海外の大学で学びたかったこと今の仕事でのキャリアや元夫との関係など色々なことが重なったのかもしれません
私は私で
は〜〜〜清々した!!!
出国前なんの相談もなく1カ月も我が家に転がり込んできたため窮屈な思いをしていました

そして出国から1年パスポートの手続きで日本に一時帰国していた時のことです
またウチに泊まるんか!
※私には相談なし
政府はこの度――…
新型コロナウィルスと――…
新型コロナウイルス
未知のウィルス新型コロナで世界は一気にパニックになりました
感染対策のため各国で入国制限が行われ始めました
もちろん姉が移住したカナダも例外ではありませんでした
コロナのせいでパスポートセンターもパンク状態でカナダの入国期限までにパスポートできるか微妙…
そして――…
ようやくパスポートゲット!!
日本国
JAPAN
PASSPORT
カナダの入国期限に間に合わなかったからアメリカに行くわ
ええ!?

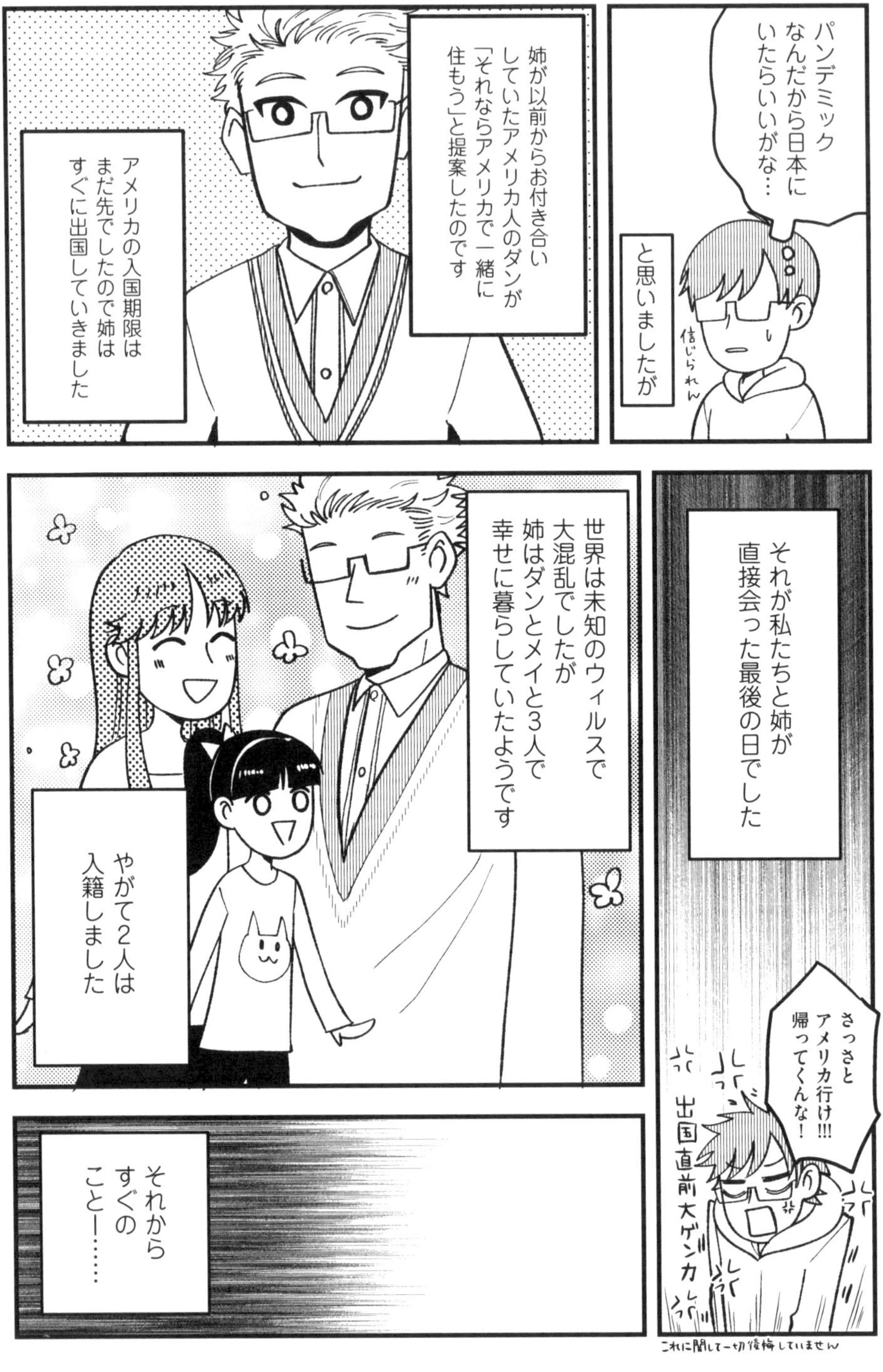
パンデミックなんだから日本にいたらいいがな…
と思いましたが
信じられん
姉が以前からお付き合いしていたアメリカ人のダンが「それならアメリカで一緒に住もう」と提案したのです
アメリカの入国期限はまだ先でしたので姉はすぐに出国していきました
それが私たちと姉が直接会った最後の日でした
さっさとアメリカ行け!!! 帰ってくんな!
出国直前大ゲンカ
これに関して一切後悔していません
世界は未知のウィルスで大混乱でしたが姉はダンとメイと3人で幸せに暮らしていたようです
やがて2人は入籍しました
それからすぐのこと――……

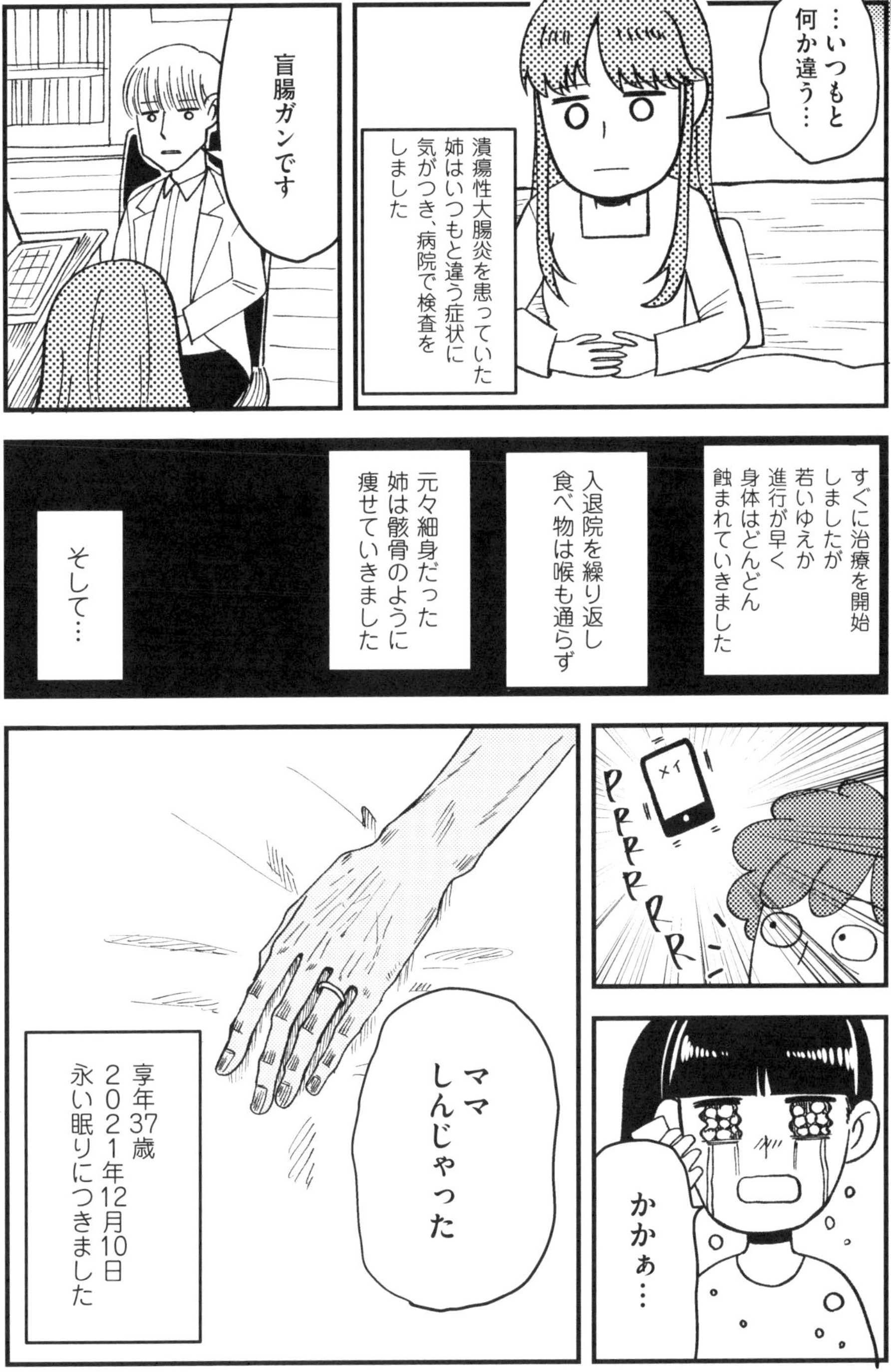
…いつもと
何か違う…
潰瘍性大腸炎を患っていた
姉はいつもと違う症状に
気がつき、病院で検査を
しました
盲腸ガンです
すぐに治療を開始
しましたが
若いゆえか
進行が早く
身体はどんどん
蝕まれていきました
入退院を繰り返し
食べ物は喉も通らず
元々細身だった
姉は骸骨のように
痩せていきました
そして…
メイ
PRRRRRR
かかぁ…
ママ
しんじゃった
享年37歳
2021年12月10日
永い眠りにつきました

私は姉の出国前に大ゲンカをし連絡先を消していたので何一つ知りませんでした
えっと… いくつか聞きたいんだけど
メイは？
ダンが面倒見てくれてる
お父さんはこのことは？
ガンなのは知らなかった 昨日の夜亡くなる直前にテレビ通話で話したよ
えっ お父さん病気知らなかったの!?
お姉ちゃんが自分で言わなかったしね
私はともかく父にも言わなかった…
姉と父は連絡を取り合ってたのにあえて言わなかったのかな
じゃあ知ってたのはお母さんだけ？
そうだよ
え―――…… すごいね…
私は母と毎日顔を合わせていましたが姉のことなどおくびにも出さず一っっっっ切わかりませんでした
余命いくばくもない娘のことを誰にも言わず1人心の中に秘めていた母
その強さははかりしれません

それで これから なんだけど……
私と母は今後のことを話し合いました
姉の葬儀のこと
メイのこと
しかし依然として新型コロナウィルスは猛威を振るっており出入国に厳しい制限がありました
とりあえず現時点ではできることはないのか
ダンに任せて…… アメリカ遠いね……
伯父さんにはお父さんが仕事の帰りに話しておいてくれるってさ
「伯父さん」とは父のお兄さんのことで一番近い親戚です
…伯父さん驚くだろうねぇ…
本当に! お祖母さんだって孫が先に死ぬなんて思わないだろうよ
※父方の祖母 現在入院中
「まだまだ死なないよー」
って言ってたんだけどねぇ

そしてその日の午後――…
りかっ
おん？どうしたの
お祖母さん亡くなったって！
え？
へ？お姉ちゃんじゃなくて？
お祖母さん
なんで
こんにちはー血圧はかりましょうねー
祖母は寝たきり状態で入院していました
…あれ？
先生呼ばなきゃ
看護師さんが来た時にはすでに息を引き取っていました享年104歳でした

ちーーー…ん
ま
まさか
2日連続
身内が
亡くなるとは…
お父さん
には？
伯父さんが
うちに連絡
する前に話し
てくれたって
お父さん
大丈夫かなぁ…
元気に過ごしていると
思っていた娘が
突然ガンと知らされ、
その数時間後に亡くし
次の日、自分の母を亡くす——…
そのダメージは推して知るべしです
んー…
お通夜は
3日後
場所はあそこの～…
はっ
いちことにこの
喪服用意しなきゃ
その後祖母の
葬儀は滞りなく
執り行われました
姉はまだアメリカに
います…

姉やメイのことは母が窓口になって話を進めてる…
私にできることは…両親にこれ以上心理的な負荷をかけないこと
じぇーじぇー
あーそーぼっ
バババッ
まずは父の気持ちを紛らわせるためにいちことにこを派遣する！
どうしようもなく悲しくなる時間を減らすため

次第に家の中は落ち着きましたが

一つ気がかりなことがありました

それはやはり姉のことです
ようやく海外に移住したのに
これからやりたいこともたくさんあったろうに
若くして死んでしまい
ダンのこと
メイのこと
さぞや思い残すことがあるだろうとちゃんと成仏できたのだろうかと…
その頃前章の「母を求めて」の現象が起きていましたせいらさんに聞くまでは姉が帰ってきているのだと思っていました
キミ姉なの？

お祖母さんだって成仏できてるかわかんないもんな
視えん！分からん!!
せいらさんに聞いてみよう
お姉さん？大丈夫ですよ
ちゃんと成仏して上の世界に行っています！
よかった〜〜〜！
さぞや未練が…って思っていたんです
ほっ
いえいえむしろ
すぐに「上」に上がっていかれましたよ！

お姉さんて元々はっきりした性格ですよねきちんと受け入れています
「先」がわかってたんでしょうね覚悟は決めていたと思いますよ
でもメイのこととか心配していたり…
私だったら未練タラタラだと思います
心配はされてます
でも「死んだら手出しできないし一切合切任せた!!」って感じみたいです
よろしく!!!
そりゃそうだけど!!
信頼されてんなー!!!
お姉さんって魂がとってもキレイです
ちゃんと切り替えできてるからかな?
たぶん転生するのもめっちゃ早いと思いますよ
普通、魂をキレイにしてから転生するのに100年ぐらいかかるんです お姉さんは元々キレイなので
もしかするとメイちゃんの子供として転生するかもしれませんね
親子逆転!?

お姉さんは「上」の世界で楽しくやってますよ
こんなに早く来て!!
心配で「下」に何度も見に行っちゃったよ!!
ごめんね〜
ねーっ
大変だったねぇ…
2人のお祖母さんにも会えたみたいです
お祖母さん成仏してたんですね!
よかったー!!!
ほっ
お祖母さん自ら上がったわけではないんですけどね
寝てる間に息を引き取ったので自分が亡くなったのがわからなかったみたいです
むくり
でもご先祖さまが連れて行ってくれました
お父さんのほうのご実家はご先祖供養をきちんとされてますよね だからすぐに駆けつけてくれたんです
先祖供養って大事なんですねぇ…
やった分ちゃんと返してくれてますよ

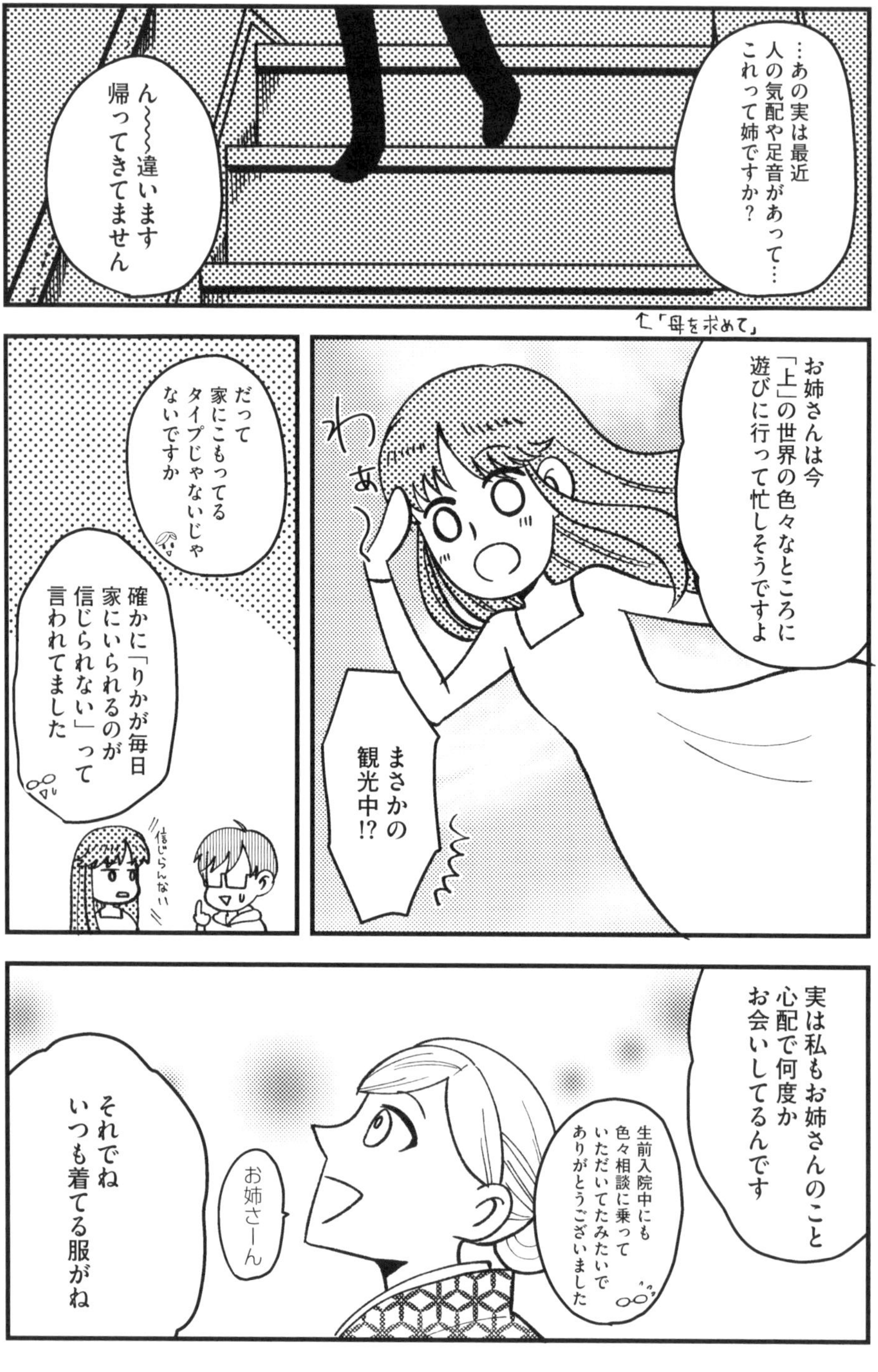
…あの実は最近
人の気配や足音があって…
これって姉ですか？
ん〜〜〜違います
帰ってきてません
↑「母を求めて」
お姉さんは今「上」の世界の色々なところに遊びに行って忙しそうですよ
わぁ
まさかの観光中⁉
だって家にこもってるタイプじゃないじゃないですか
確かに「りかが毎日家にいられるのが信じられない」って言われてました
信じらんない
実は私もお姉さんのこと心配で何度かお会いしてるんです
生前入院中にも色々相談に乗っていただいてたみたいでありがとうございました
お姉さーん
それでね
いつも着てる服がね

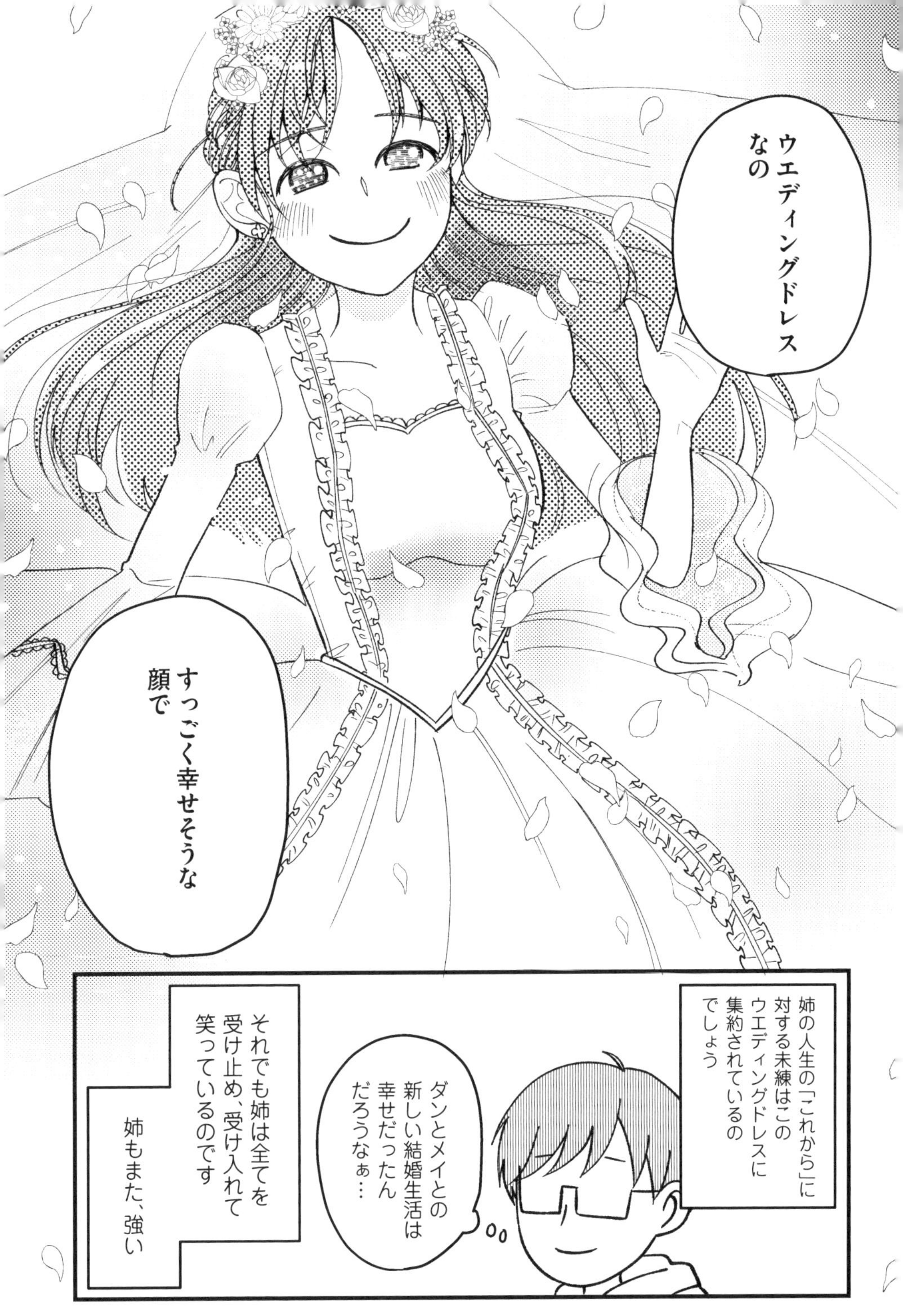
ウエディングドレスなの
すっごく幸せそうな顔で
姉の人生の「これから」に対する未練はこのウエディングドレスに集約されているのでしょう
ダンとメイとの新しい結婚生活は幸せだったんだろうなぁ…
それでも姉は全てを受け止め、受け入れて笑っているのです
姉もまた、強い

2人のことがわかってよかったですありがとうございました
いえいえ！やっぱり気になりますもんね！
私たちはほんの少し霊が視えたり感じたりすることができます
つまり死んだ後に「なる」姿を知っているため姉と祖母が「然るべき道」へ行くことができたのか気になるのです
地縛霊化した母方祖母のこともありますしね
——っていうことだってさ
報告!!
ちゃんと上に上がったんだねよかった！
現在進行形でやらねばならないことはたくさんありますが姉からの信頼に応えねばなりません
私もしっかり生きてその役目を果たしていきたいと思います

閑話休題 メイといちこのお話

姉が離婚した時の話です。離婚後はメイと2人でアパートに住み始めました
姉がこれまでの人生で「一番楽しかった」と言っていた時期でもあります――…
そこはお墓に近い場所でした
そんな日々のとある日――…
ピッ
おやすみ
おやすみ～
………
むくり
トイレ

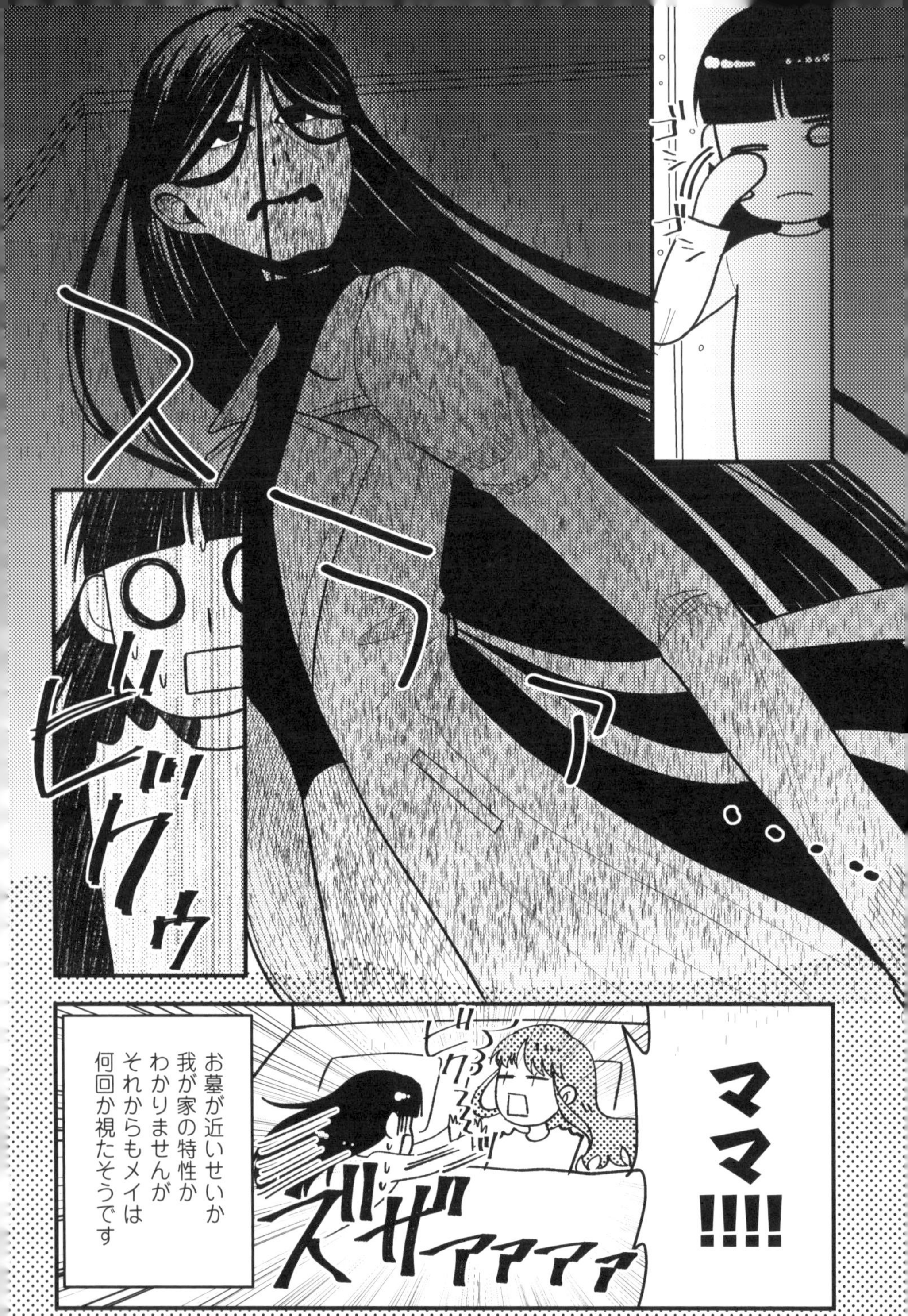

スラァ……
ビクゥ
ママ!!!!
ズザァァァァァ
お墓が近いせいか
我が家の特性か
わかりませんが
それからもメイは
何回か視たそうです

前章「嫌なおばちゃん」以降
一度だけいちこに聞いたことがあります
もうおうちに変な人いない？
いるよ
えっ
どんな人!?
子どもべやにいるよー！
おっきくて
くろくて
いつもてってで《手》おめめかくしてえーんえーんって泣いてるの
怖っっっっ
い、今はいるのかな!?
ちら
いないよ〜
よかった
嘘か誠かわかりません
ただあまりにも
彼女の言う
幽霊の解像度が高く
怖かったです
長女が絵本やTVで知ってるユウレイ

ただいま〜
ガチャ
メイねぇちゃん
おかえり〜〜!!!
バッ
ドドドドド
た、
ただいま！
あれから新型コロナによる出入国が緩和されメイが帰国し我が家の一員となりました
髪を切りました
友達ん家行ってきまーす
今は海外生活で培った英語力をさらに伸ばすべく鋭意勉強中です
学校では良き友達に恵まれ楽しそうに通っています

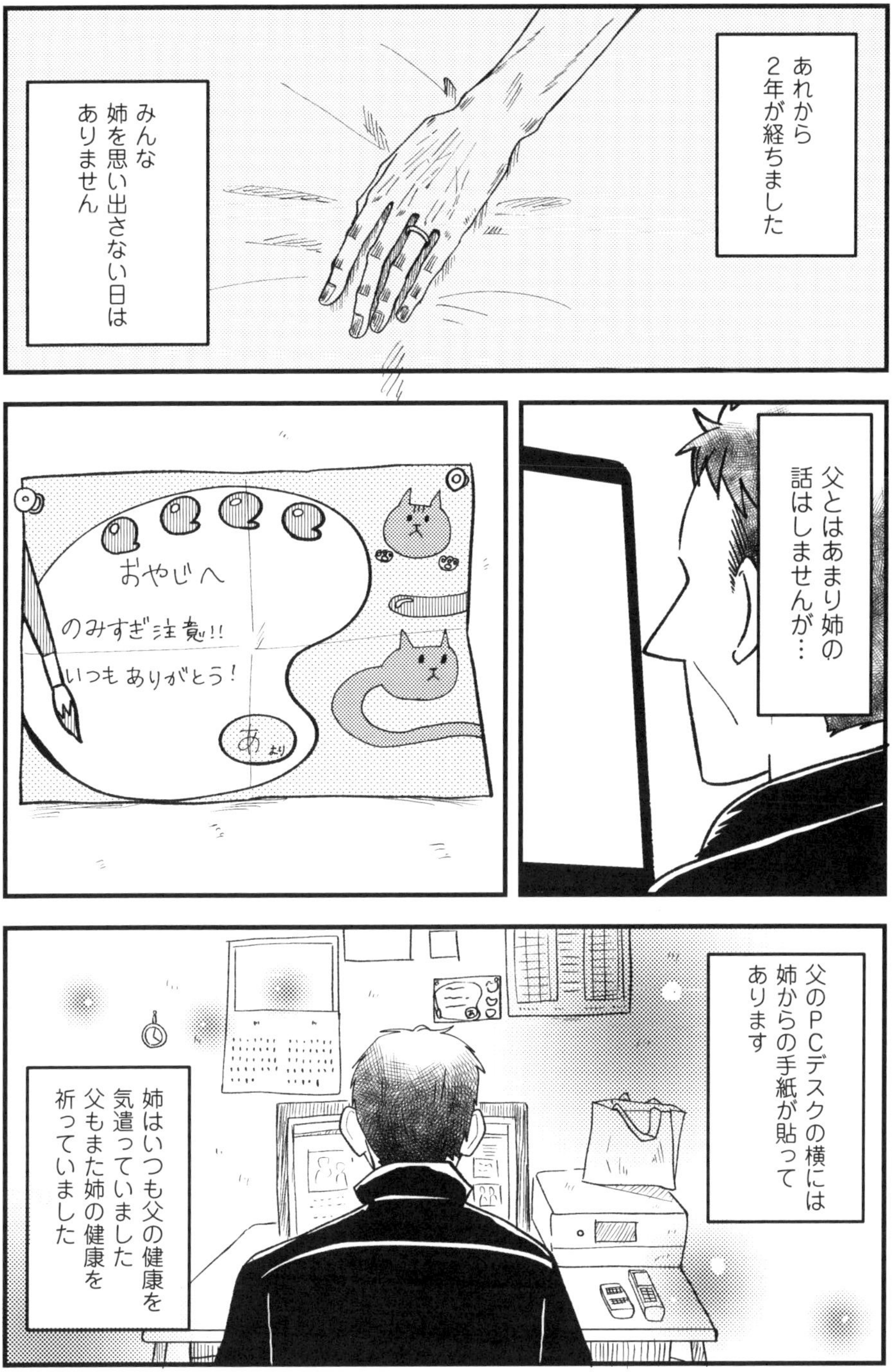
あれから
2年が経ちました
みんな
姉を思い出さない日は
ありません
父とはあまり姉の
話はしませんが…
おやじへ
のみすぎ注意!!
いつもありがとう!
あ より
父のPCデスクの横には
姉からの手紙が貼って
あります
姉はいつも父の健康を
気遣っていました
父もまた姉の健康を
祈っていました

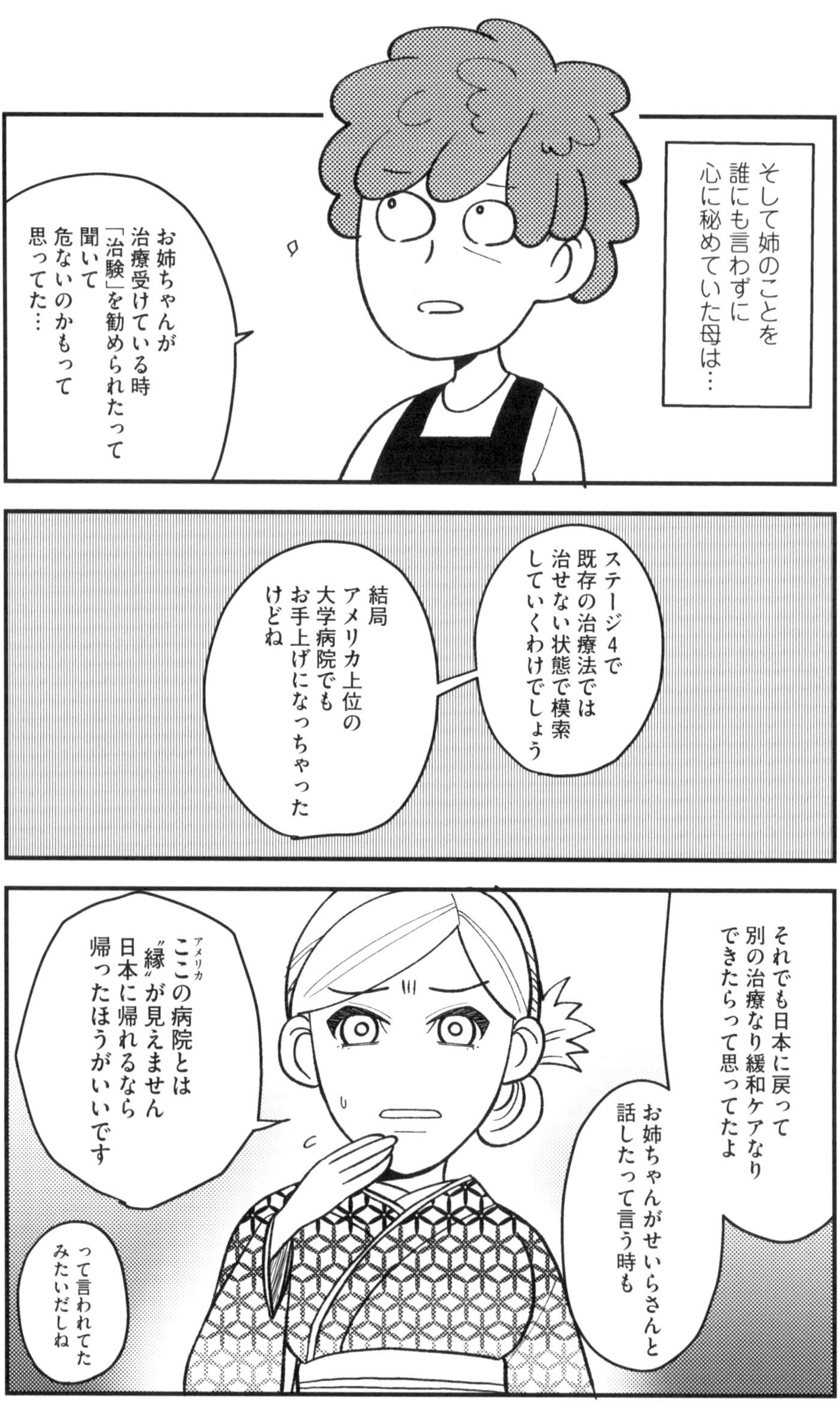
そして姉のことを誰にも言わずに心に秘めていた母は…
お姉ちゃんが治療受けている時「治験」を勧められたって聞いて危ないのかもって思ってた…
ステージ4で既存の治療法では治せない状態で模索していくわけでしょう
結局アメリカ上位の大学病院でもお手上げになっちゃったけどね
それでも日本に戻って別の治療なり緩和ケアなりできたらって思ってたよ
お姉ちゃんがせいらさんと話したって言う時も
ここ《アメリカ》の病院とは〝縁〟が見えません日本に帰れるなら帰ったほうがいいです
って言われてたみたいだしね

結局帰国したとしても2週間待機期間があったし無理だったけど…
コロナのね
でも本人は流動食になっても「食べたいものリスト」を延々と送ってくるくらい食い意地張って生きる気満々でさ
帰ったら食
・母ちゃんの
・母ちゃんの
・カキフライ
・ハンバーグ
・オムレツ
・マカロニサラダ
・肉屋の弁当
・ゆうちゃんちの餃子
・回鍋肉
・グランのケーキ
だから亡くなった後ご飯食べたさに餓鬼道に堕ちたらどうしようと思った
でもせいらさんが「上」の世界をあちこち飛び回ってるって教えてくれてホッとしたし
お姉ちゃんらしいなって
だって離婚した後2年足らずでオーストラリアニューカレドニア、アメリカ、アイルランド、香港って旅行しに行ってたんだよ…
そりゃ「上」で大人しくしてるわけないよね…

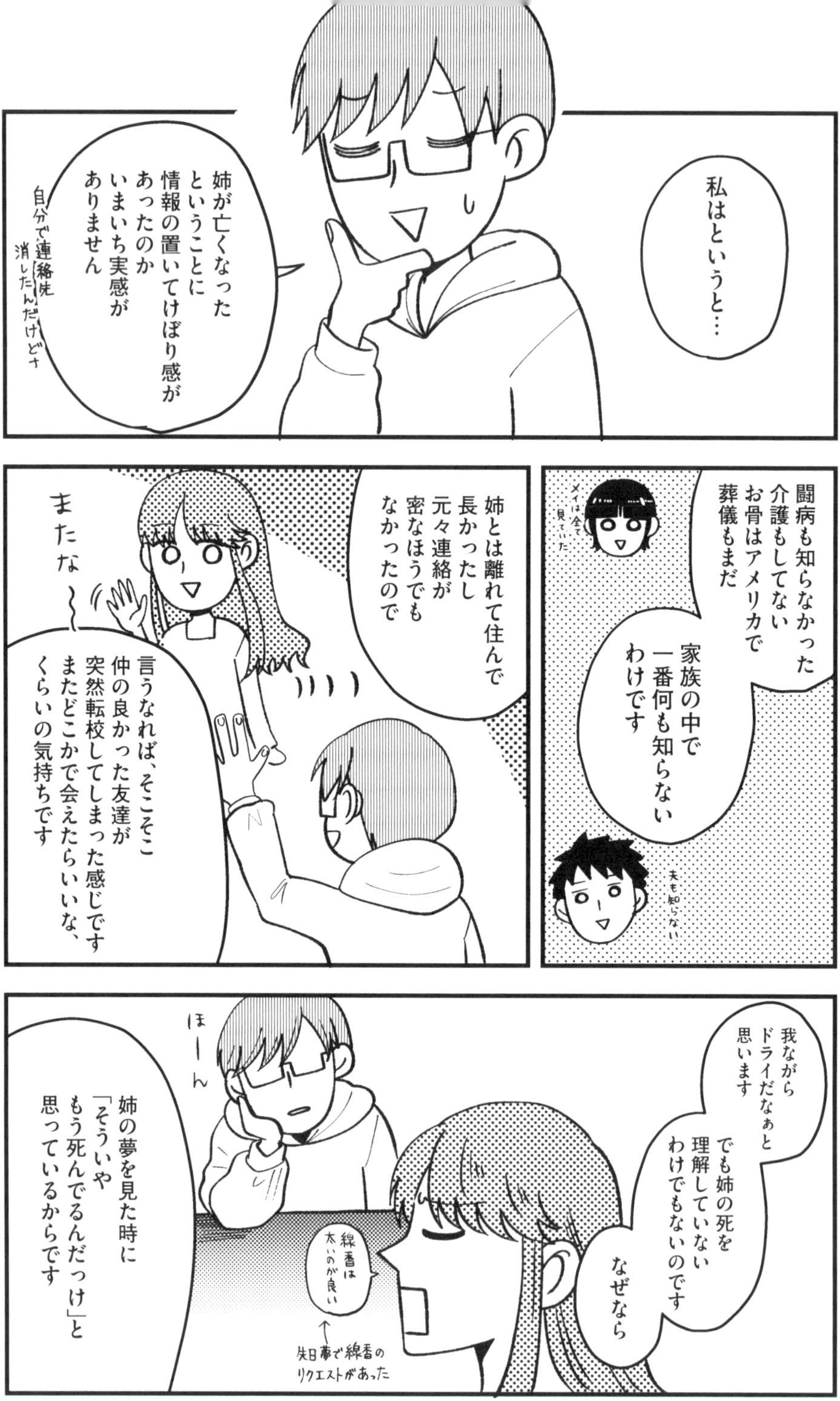
私はというと…
姉が亡くなった
ということに
情報の置いてけぼり感が
あったのか
いまいち実感が
ありません
自分で連絡先消したんだけどね
闘病も知らなかった
介護もしてない
お骨はアメリカで
葬儀もまだ
メイは全て見ていた
家族の中で
一番何も知らない
わけです
夫も知らない
姉とは離れて住んで
長かったし
元々連絡が
密なほうでも
なかったので
またな〜
言うなれば、そこそこ
仲の良かった友達が
突然転校してしまった感じです
またどこかで会えたらいいな、
くらいの気持ちです
我ながら
ドライだなぁと
思います
でも姉の死を
理解していない
わけでもないのです
なぜなら
ほーん
姉の夢を見た時に
「そういや
もう死んでるんだっけ」と
思っているからです
線香は太いのが良い
先日夢で線香の
リクエストがあった

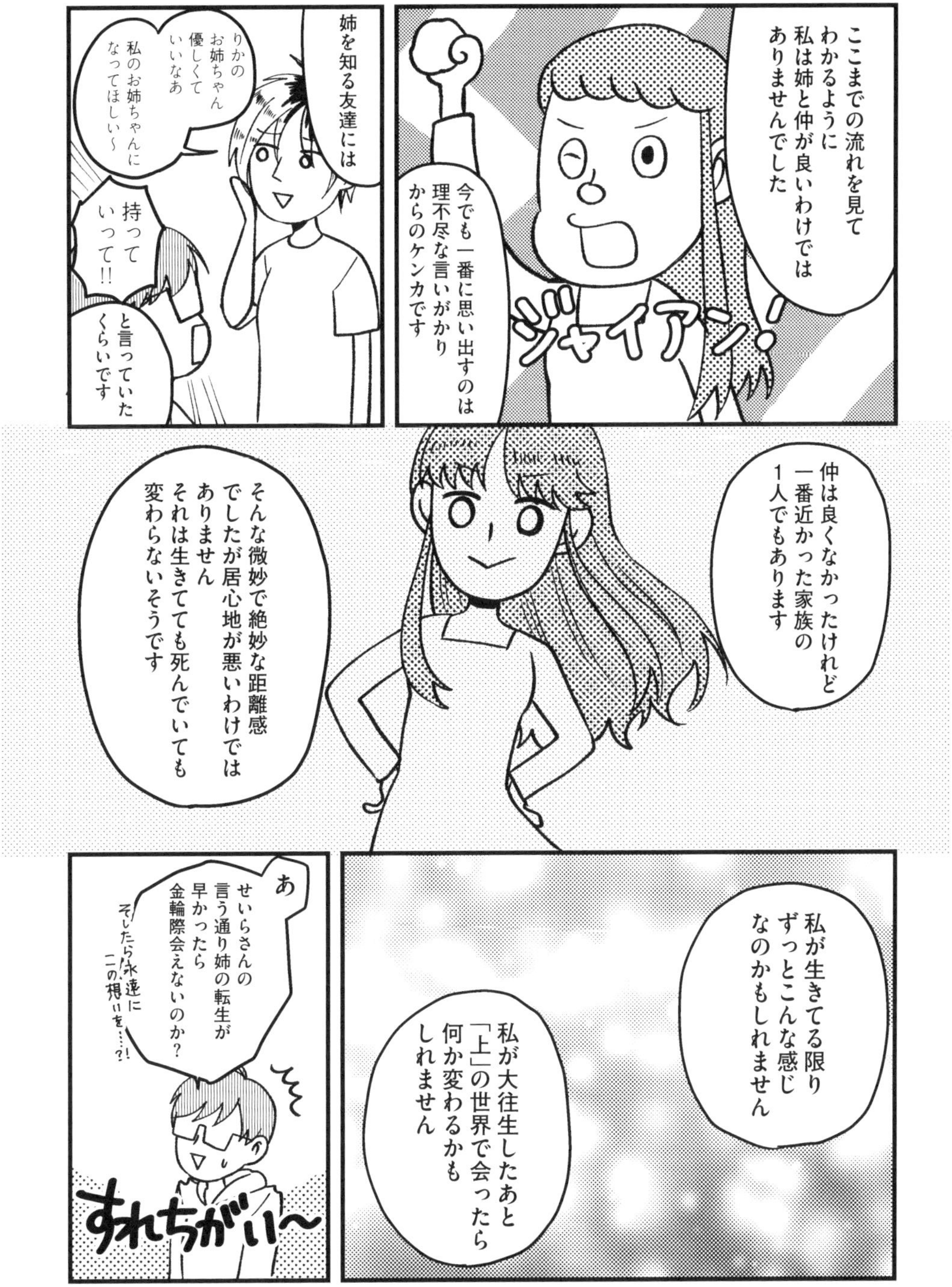
ここまでの流れを見て
わかるように
私は姉と仲が良いわけでは
ありませんでした
ジャイアーン！
今でも一番に思い出すのは
理不尽な言いがかり
からのケンカです
姉を知る友達には
りかの
お姉ちゃん
優しくて
いいなあ
私のお姉ちゃんに
なってほしい～
持って
いって!!
と言っていた
くらいです
仲は良くなかったけれど
一番近かった家族の
1人でもあります
そんな微妙で絶妙な距離感
でしたが居心地が悪いわけでは
ありません
それは生きてても死んでいても
変わらないそうです
私が生きてる限り
ずっとこんな感じ
なのかもしれません
私が大往生したあと
「上」の世界で会ったら
何か変わるかも
しれません
あ
せいらさんの
言う通り姉の転生が
早かったら
金輪際会えないのか？
そしたら永遠に
この想いを……?!
すれちがい～

さて、ここまで我が家のふしぎな話と別れの話をさせていただきましたがいかがだったでしょうか
気にしすぎ！と思う方もいるかもしれません
前巻でせいらさんに浄化浄霊、結界を張っていただいてからふしぎな現象が目に見えて減ったのは事実です
夜中に安心してトイレに行けるのは、本当〜に助かっています
新居への引っ越しを機に断捨離し、今は日当たりや風通しを意識しているため「嫌な感じの部屋」はありません
日光に当たるのも意識しています！
それでもふしぎな体験をしてしまう超お持ち帰り体質の私たちですが…
ズ
これだけ気をつけてもこうなので、うまく付き合っていきたいです

このような体質のおかげでせいらさんとご縁があり
家のことや先祖のことそして亡くなった家族のその後を知れて本当によかったです
わからないままでいたら――……
先祖や祖母は成仏できずによりタチの悪い地縛霊になっていたかもしれない
私たちは姉や祖母が成仏できたかわからず心のモヤモヤを抱え続けることとなります
私たちは特に目に見えない人を視たり聞いたり感じたりすることができますが逆に言えばそれしかできません
その道の信頼できるプロにお願いして自分たちのモヤモヤを解明していただくのです
だまされてない？
そう思う方もいるかもしれません
けれど想像してみてください

誰が聞いても「まだまだやりたいことがあっただろうに」と思うような境遇の人が身近にいたら
未練はないかなちゃんと成仏できたかなと心配になりませんか
そんな境遇の姉が「ちゃんと成仏して笑顔でいるよ」と言われたら安心しませんか
ね――――っ
少なくとも私たちは安心したしその答えに納得することができました
お姉ちゃん「らしい」ね

これからは私たちが
「上」で会うであろう
姉に顔向けできるような
人生を歩んでいかねば
なりません
しかし気負いすぎず
私たち「らしく」です！

これからも
見守っていただけると
うれしいです！

エピローグ

浄化浄霊、結界を張っていただいて6年
ふしぎな体験はここで紹介したくらいで極々少なくなっています
ままーっ
まま――っ
私が家事育児に追われてそれらを認識する余裕がないだけかも知れません！
ままっ

母はというと――……
たまに誰もいない2階から足音が聞こえてきたりものすごく肩が重くなったりします
まだまだお持ち帰り体質です

メイや父、夫は――……
この家になってからふしぎな体験はしていません
元気に暮らしています
今回この本を出すにあたりせいらさんにチェックしてもらっていた時――……
確認お願いしまーす！
はーい！
原稿
うんうん大丈夫です！
よかったー！
今回の出版お姉さんめーっちゃ喜んでますよー！
え？
チェック済

自分のこと描いてくれて嬉しいみたい！出版めっっちゃ楽しみにしてるって！
描いてくれてありがとー!!!!
やったじゃん
本はいつ出るの?!
すごいじゃん
うおー!!!!
お姉さんのウエディングドレスめちゃ品良くキラキラに描いてあげてくださいね！
承知しました！
大好きなフランスロココな感じに描いたぞどうだい？　姉よ

まさか続編が出るなんて考えてもいませんでしたがまたこうやって我が家の歴史を記録できたことをうれしく思います
この本も我が家にとってとても大切なものになりました
ここまで読んでいただきありがとうございました！

あとがき

霊感一家の

この度は我が家の物語をお手にとっていただきありがとうございました。いかがだったでしょうか？　色々ありすぎて驚かれたでしょうか。

私自身、まさか続巻が出るなんて思いもしませんでしたが、様々な事件が起こる我が家の歴史をまた描けてよかったです。

この本を執筆するにあたり、我が家のこと、姉のことをしっかり見つめ直すことができました。

姉のことを考えると、当初はやはり理不尽な言いがかりからのケンカをしてしまったことを思い出して仕方がなかったのですが、最近は姉と二人で出かけたことや世話になったことを思い出すようになりました。これもこの本のおかげです。

さて、漫画を描き終えた春の頃に姉が帰ってきました。姉の夫ダンのお母さんが、小さくなった姉をはるばるアメリカから連れてきてくれました。ダンのお母さんから姉とメイのアメリカでの暮らしぶりを聞き、姉とメイはアメリカで幸せに暮らし、愛されていたことを確信しました。だからこそ、その幸せがもっと長く続くとよかったのに、と思わざるを得ません。
姉には少し家でゆっくりしてもらって、今度納骨式を行います。
——姉ちゃん、おかえり。

せいらさんには前巻に引き続き大変お世話になりました。せいらさんと出会えなかったら我が家はまだまだお化け屋敷で、姉のことも一生引きずっていたことでしょう。秋月流浄化法は一日のルーティンになっています。これで我が家の物語第二章はおしまいです。これからは新たな第三章が始まります。

最後に協力してくれた家族や友達、秋月せいらさん、編集の小林さん、そしてここまで読んでくださった皆様、ありがとうございました！

ふしぎな実話 おかえり

りか

霊感一家のふしぎな実話 おかえり

コミックエッセイの森
2024年6月24日　第1刷発行

［著　者］　りか

［発行人］　永田和泉

［発行所］　株式会社イースト・プレス
〒101-0051　東京都千代田区神田神保町2-4-7　久月神田ビル
Tel 03-5213-4700　Fax 03-5213-4701
https://www.eastpress.co.jp/

［印刷所］　中央精版印刷株式会社

［装　幀］　坂根 舞（井上則人デザイン事務所）

定価はカバーに表示してあります。

本作品の情報は、2024年5月までのものです。情報が変更している場合がございますのでご了承ください。

ISBN 978-4-7816-2327-6 C0095